提篮下海

说说上海北外滩

主编：苏秉公

副主编：张林凤

虹口记忆

本书获虹口区宣传文化事业专项资金资助

文匯出版社

序言

由秉公兄组织编写的《提篮下海——说说上海北外滩》一书出版了。虹口区多年来推进以收集挖掘历史文化资源为目的的“虹口记忆”工程项目，对虹口的文化建设起到了积极的作用。这已经是上海华夏文化创意研究中心与虹口区档案局合作出版的第四本书了。对此，我表示衷心的祝贺，也对他们近十年来的执着努力深表敬意。

我是提篮桥地区的老居民，小时候家住临潼路，是在提篮桥地区长大的。这一带发达的商业、便捷的交通，文化气息之浓厚，以及各种风格的建筑给我留下了深刻的记忆。我也是从这里出发上山下乡去黑龙江的，返城后在当年的海门路街道、区属企业和区党政机关工作过十多年，对这一片土地怀有深厚的感情。

看到书名“提篮下海”几个字，我眼前便浮现出这样一幅画面：一条名叫下海浦的河流经此蜿蜒流淌，各式木帆船由此启航下海捕鱼，人们提着篮子从木桥上走过，河畔供奉着海神的下海庙香火袅袅……多么美好的一派海边渔村景象！这应该是几百年前的景色了。如果要进一步了解这个“下海”与“上海”有什么关联，这里从一个渔村演变至今发生过什么故事，读一读这本书是会有不少收获的。书名副标题里的“北外滩”是上海的一个新地名，十几年前是没有这个名字的。20 世纪 50 年代初期，这里是上海市的一个行政区——提篮桥区，后来并入虹口区，区域内曾设有海门路街道、东长治路街道、提篮桥街道等。这些年来，由于这一带拥有丰富的历史文化底蕴，又具有得天独厚的地理区位优势，在市、区规划下，与外滩、陆家嘴形成三足鼎立之势，展现了强劲的发展势头，于是设立了北外滩街道。读者在这本书的指引下，可以常到那里去看看逛逛，虹口滨江可以欣赏到外滩和陆家嘴的雄伟建筑；到了夜晚，那更是观赏上海最美夜景的好去处。

《提篮下海》这本书的作者，都是在虹口生活、工作过的新老居民，许多人并没有专业的写作经历，他们以极大的热情参与其中，写自己所见所闻和亲身经历的故事，为了记住一段历史，留住一份乡愁，字里行间充满了对这片土地的深情，甚至我们可以从他们的文章、绘图中感受到不同街道、里弄里老居民们期待的目光，这实在是一件很不容易的事情。这些文章可以成为政府修志的一种参考和补充，也为北外滩的文化建设提供了大众参与的一条途径。

北外滩能有今天的发展，离不开一代又一代人的努力奋斗，书中有专门的一辑收集了一些曾在这里做过奉献的“人物故事”，这是极有意义的一部分。这些人物都是一个时代政治、经济和社会演绎潮流中的浪花，是一个时代精神的结晶。由于在虹口工作的关系，我与一些老提篮桥区的老干部有过接触，如沈敏康、卢丽娟、傅胜、乔森、唐凯、陆静芬等，这些名字在我脑中留下了深深的印象，他们以求真务实的工作作风默默地为这片土地献出了毕生的精力，值得大家敬重。其中卢丽娟同志是我多年的老领导，她长期住在提篮桥的霍山路，年轻的时候就在这一带从事中共隐蔽战线工作，解放后在提篮桥区委（后并入虹口区委）宣传部工作，曾经因“右倾”被下放劳动，后被甄别，1966年“文化大革命”又被戴上“走资派”“叛徒”的帽子遭批斗。直到三中全会后落实了政策，担任过虹口区区长、区委书记。她历经曲折不忘初衷，以出色的工作获得大家的尊敬和爱戴。特别有趣的是老区委书记沈敏康20世纪90年代初居然和我们搬到同一栋大楼居住，成为朝夕相见的邻居。

如今，沈敏康和卢丽娟两老已离我们远去，我们这一代人也已踏入古稀之年。每一代人在这里曾经做过的工作终成历史，也将成为提篮桥北外滩历史文化积淀的一部分。非常羡慕现在正在参与北外滩建设的“后浪”们，你们一定会不负众望，既传承历史又为上海的发展创造新的历史篇章！每一位翻开此书的朋友，您的关注也为上海历史文化的传承出了一把力！

谢谢大家！

提篮下海

TILANXIAHAI

目录

序言/钱景林/001

SHAN QI JING XUAN

提篮溯源 001

吴淞江故道、黄浦江与北外滩/**苏秉公**/002
这里的“上海”和“下海”/**苏秉公**/007
虹口江边的老码头/**苏秉公**/014
提篮桥的风风雨雨/**苏秉公**/021
耶松船厂：中国船舶修造起始地/**王立华**/028
只有一个门牌号的“太平路”/**李榕樟**/034
北外滩街道历史沿革/**陆雯**/039
虹口港上“说”桥忙/**张林凤**/046

JIAN ZHU JIE DU

建筑解读 053

南洋兄弟烟草公司的情调和腔调/**金洪远**/054
漫步下海庙/**杨泰清**/060
远洋宾馆和怡珀璇宫/**李榕樟**/066
我在白玉兰广场/**纪珺**/071
老码头上新奇的『一滴水』/**王坚忍**/076
上海海员医院等候启航/**童孟侯**/081
榆林路红砖城堡的记忆/**惜珍**/086
马登仓库忆旧/**蔡小鸥**/092
『双子塔』鼎立浦江西岸/**张渊**/098
『瑞丰』是颗星/**陆林森** **傅纪荣**/104
提篮桥监狱的变迁/**徐家俊**/108

倾情续写历史篇章/**陈俭**/116　北外滩：赴法勤工俭学海上启航地/**陆雯**/123
远东反战大会旧址的叙说/**李红**/132　汇山码头激战/**李红**/138
我写小说《爱在上海诺亚方舟》/**于强**/144　犹太难民的家园/**于强**/149
跟随犹太难民的脚步 了解提篮桥地区的历史/**杨艨**/154　宋庆龄诞生在东余杭路/**李嘉龙**/160
亲历上海航运交易所成立/**王东江**/167

SHI HAI GOU CHEN

115 史海钩沉

人物故事 177

REN WU GU SHI

青年俞秀松在虹口/**李红**/178
王孝和就义“提篮桥”/**徐家俊**/183
斗争在提篮桥监狱的革命志士/**徐家俊**/189
叶澄衷的故事/**潘红星　张立茂**/193
同春里的《梦幻曲》/**陆林森**/198
奚九一的故事/**孙小琪**/203
夏衍在北外滩的革命活动/**朱亚夫**/211
高文彬：从宝华里走向东京审判/**张林凤**/216
从“祥生”到“强生”/**蔡小鸥**/223

慈心善行 温情传送 扶贫帮困 佛子悲心/**杨泰清**/229
感恩上海，犹太老人赠八千余册藏书/**陈俭**/234
二战时期，犹太人在虹口的生活片段/**张林凤**/239

文脉寻踪 WEN MAI XUN ZONG 245

江景伴书香/**张渊**/246　霍山公园/**孙小琪**/251
白马咖啡馆的辛酸与浪漫/**万彦**/256　东海电影院成追忆/**蔡小鸥**/261
远去的百老汇大戏院/**朱亚夫**/266　国光剧场的变迁/**王坚忍**/271
长治电影院/**王坚忍**/275　杨绛在华德路小学/**张林凤**/279
幼教园地的一朵金花——东余杭路幼儿园/**何靖华**/283
上海中西医医院小史/**徐家俊**/288　我记忆中的惠民路120弄/**叶令**/293

商企选粹 SHANG QI XUAN CUI 301

百老汇路，上海最早的五金街/**陆林森**/302
曾经的『电车二场』/**陈茂生**/307
我在东大名路这十年/**王世逸**/312
北外滩/**陆林森**/317
『中华』铅笔在东汉阳路/**张林凤**/323
回望『中远集运』/**卢铭安**/328
『提篮桥买东西』钩沉/**陈茂生**/334
那年，满师宴在北京饭店/**金洪远**/340
东余杭路忆旧/**黎鸣**/344
舟山路：曾经的维也纳小街/**于强**/348
公平路码头的前世今生/**周进琪**/352

FU LU

附录 359

北外滩新一轮发展的媒体宣传稿件/359
北外滩市民驿站/362
浦华大酒店/366
兰心餐厅/368
阿姨奶茶/370
宝宝约课/372
绚丽的北外滩/374

跋/苏秉公/385

编后记/编者/391

提篮溯源

想知道“上海”与“下海”有何关联吗？想欣赏苏州河与黄浦江的交相辉映吗？有兴致到虹口港上领略“众桥”的绰约风姿吗？有兴趣探访只有一个门牌号的太平路的前世今生吗？独此一家的绿瓦翘檐的缅甸式建筑听说过吗？知道北外滩街道名称的由来吗？请你平复一下驿动的心境，轻松愉悦地阅读本章节，允许自己从繁忙的生活节奏中让出些许时光，循着文中的线路图，来一番快意酣畅的推演，相信此番举动，会为你本来就缤纷多姿的生活再添一抹精彩。

吴淞江故道、黄浦江与北外滩

苏秉公

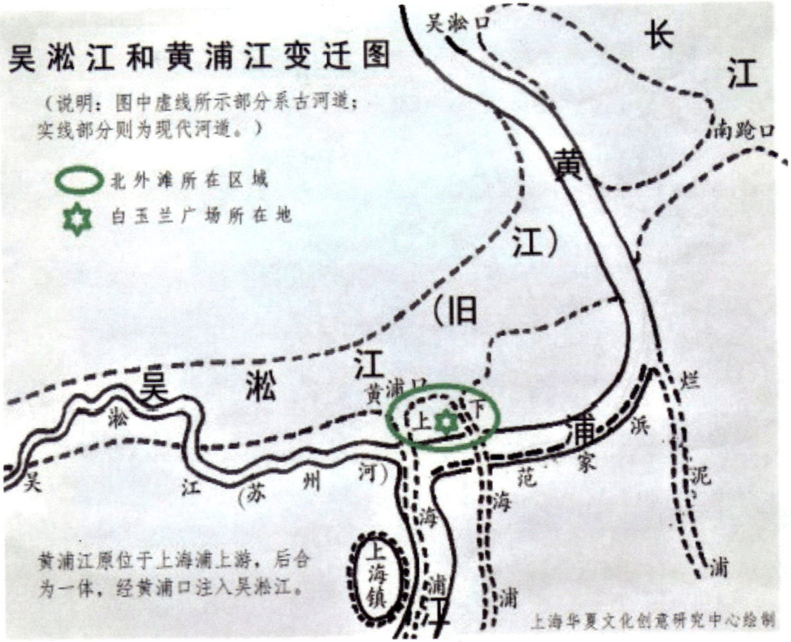

吴淞江和黄浦江变迁图

上海地图上原本没有“北外滩”这三个字。十几年前鉴于产业调整和城市规划需要，此处面临新的建设和开发，因其

被称为“上海第一古镇”的青浦青龙镇，早在宋朝时期，就是一个对外贸易的重要港口

地理位置处于上海外滩之北而得此名。近些年来北外滩的建设发展引人注目，它激起了我从历史地理角度寻找“北外滩”故事的好奇心。

日前，应朋友之邀登上北外滩白玉兰广场顶端的直升机停机坪，令我十分震撼。站在这幢浦西第一高楼上，南面可见美不胜收的黄浦江由脚下分别向上、下游缓缓延伸，江对岸便是充满生机的浦东陆家嘴高楼群。向北眺望，改革开放后矗立起来的幢幢高楼尽收眼底，一望无际，还有片片承载着上海历史记忆的石库门里弄点缀其间，真是美不胜收。然而，当我闭上眼睛的时候，眼前便浮现历史记载中吴淞江故道的汪洋一片……北外滩现在处于黄浦江的北岸，黄浦江尚未形成时，它已在浩瀚的吴淞江的南岸了。

古时候上海主要城区（包括浦东）尚未成陆，吴淞江水源丰沛，流水湍急，呈一个长长的喇叭状，出海处宽 20 里，宽阔的江面直达青浦青龙镇。江口水域被称为“华亭海”，常有钱塘潮般的壮观出现。由于地理上的优势，青龙镇成为上海港口和对外贸易的发祥之地。吴淞江起源于太湖（古称震泽）。太湖以及淀山湖、澄湖、阳澄湖等东太湖地区地势较低，汇集了周边及西部山地的浩瀚水量，通过娄江、东江和吴淞江东流入海，之后娄江、东江逐渐淤塞，吴淞江成为主要的入海通道。随着年代的变迁，长江和吴淞江携带的泥沙沉积使上海地区的海岸线不断向东扩展，吴淞江的长度也在不断伸长。此江历史上成为嘉兴府华亭县与平江府嘉定县的县界。见下图：

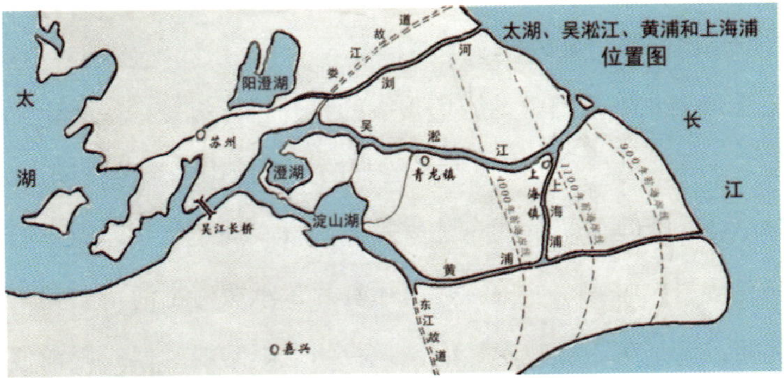

太湖、吴淞江、黄浦江和上海浦位置图

太湖与吴淞江的分界通常认为是在江苏吴江。吴淞江由此发端，流经苏州、昆山、嘉定、青浦进入上海地界，并从吴淞口直入长江。也许是古人考虑欠妥，北宋庆历八年（1048年）为解决吴江两岸的交通筑成了200余丈的长桥，亦称垂虹桥（见下图）。此桥虽壮观，却给太湖泄水带来了影响。经过历代不断疏浚，许多地方还是淤泥显露，茭芦丛生，吴淞江盛期衰退之势已不可逆转。河道的淤浅，江面的变窄，终致往来海船不能出入青龙镇的港口。南宋咸淳三年（1267年），华亭县在吴淞江支流上海浦的西岸（今十六浦附近）设立了上海镇，开始替代青龙镇的航运功能，上海镇日益兴盛，青龙镇渐趋落败。

上面第一张图绘成的吴淞江下游出海故道大约是宋元时期的古河道，宽阔的河道北岸接近江湾镇。由于长江口海面的提升，海潮退却缓慢，吴淞江下游的泥沙淤积也日益加剧。现今虹口、杨浦一带的古河道几乎成为一片沼泽。去过崇明东滩后才深有感受，吴淞江在这里已经很难形成流淌年份较长的固定河道了，人们所见只是一段段曲曲弯弯的小河，水多时串联起来汇聚成流。怪不得古人以传说中的小龙“虬”字来称呼它，吴淞旧江便得“虬江”之名，至今留下的“虬江路”“东虬江”“西虬江”“虬江码头”等地名成为历史的佐证。

然而，太湖之水绝不会因最后通道吴淞江的淤塞被“噎死”。南面有一条不起眼的小河，名为黄浦，太湖泄水的重任不经意间落在了它的肩上。吴淞江

左：有1300多年历史的青龙塔
右：松江的小桥流水人家

流水受挫后，经淀山湖涌入黄浦的水量大增，后来黄浦吞并了上海浦，于今嘉兴路桥附近进入吴淞江下游，此处便成“黄浦口”了。与此同时，吴淞江也没闲着，经过几个朝代的人工疏浚和自然变迁，变成了如今的走向，剩下七八十米的河宽，最后在陆家嘴附近汇入黄浦（上海浦），成为黄浦的一条支流，其上海地区段被称为苏州河。之后范家浜开通，黄浦挟吴淞江之水取道范家浜直奔吴淞口，它“源起淀山湖，吞没上海浦，牵手苏州河，放弃黄浦口，截断下海浦，借道范家浜，夺取吴淞口”，现代黄浦江终于发育成一条气势磅礴、多姿多彩的大江，它推进了近代上海经济的发展，孕育了现代上海的文明，成为当之无愧的上海母亲河。而风韵犹存的吴淞江被许多了解这段历史的上海人尊奉为上海的外婆河。如今的北外滩备受两代母亲河的眷顾和爱抚，一定会底气十足地去实现自己的梦想。

北外滩雄起！

这里的『上海』和『下海』

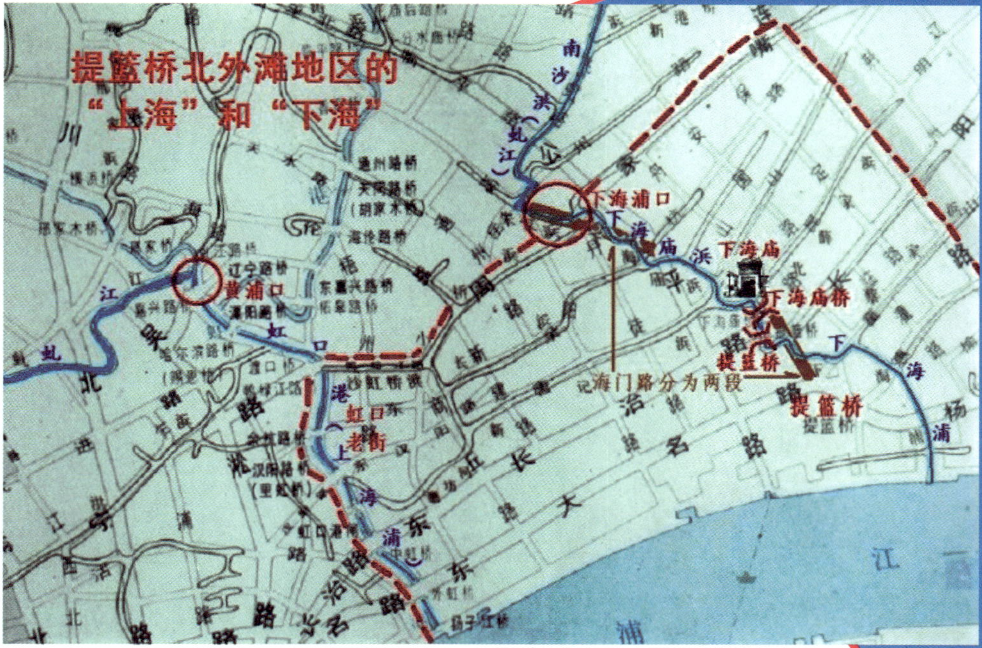

提篮桥北外滩地区的“上海”与“下海”

“有上海，必有下海”，人们往往把上海这座大城市和提篮桥的下海庙连在一起来证明“上”和“下”的对仗存在。我觉得这样的对应意义不很大。就像有的日本人出生在松林边起名叫“松下”，实际上与“松上”是没什么关系的。上海这座城市只是在它最初建镇时东临上海浦故取名上海，在城市的发展过程中与名称中的上和下似乎没什么关系。如今

苏秉公

要比个上下，对标的也应该是纽约、伦敦、东京等世界级大都市，而不可能只是一座下海庙。不过，在提篮桥北外滩这样一个区域里来谈“上海”和“下海”的历史由来和它们之间的内在关联，或许会更有意思一点。

提篮桥北外滩地区有一条河叫虹口港，还有一条路叫海门路。这一港一路

当年黄浦江上的舢板

之间隐藏着“上海、下海”的故事。

先说虹口港吧。它曾经是古吴淞江支流上海浦的末段。上海浦起源于今十六铺以东，北上抵今外白渡桥附近，转而沿虹口港河道继续往北，至嘉兴路桥附近注入吴淞江（虬江）。黄浦吞并上海浦以后，虹口港成为黄浦的一部分，上海浦入江口便成了黄浦口。之后，黄浦又改走现今黄浦江的水道，所以，今外虹桥至黄浦口这段上海浦便脱离黄浦逆向而动，成为黄浦江的一条支流了。它汇聚旧吴淞江淤塞形成的多条河流，成为向黄浦江排水的出洪口，老地图上可见“洪口”二字。因清廷忌讳明朝朱元璋洪武年号的“洪”字，最终定名为虹口港。随着这一带农业、手工业和水运交通的发展，虹口港东侧（今东汉阳路和东余杭路间）逐渐形成聚落，出现多条商铺云集的街道，还设有学校和土地庙。清朝《嘉庆上海县志》已有“虹口镇”名字的记载，可见此地在一个时期里曾经繁华到什么程度。也许之后的发展受到一定制约，“虹口镇”三个字很少见到。不过，如今尚存的“虹口老街”还能教人去联想到那些过往的故事。

离虹口港东面不到 2 公里的海门路，则是下海浦古河道遗址的主要部分。下海浦从浦东由南而来，进入本区域后蜿蜒北上，大约在海门路岳州路附近入吴淞江（亦称南沙洪、虬江）。那时吴淞江水面宽阔，此地是入海十分便捷的地方。下海浦也是受黄浦江改道影响，成为黄浦江北岸一条支流的。20 世纪 20

虹口老街

年代，填浦修筑海门路，下海浦便消失了。乾隆年间（1736年—1795年）下海浦口附近建起一座下海庙，又名夏侯庙、义王庙、河海庙……最初，这是一座海神庙，护佑当地渔民出海打鱼。随着居民生活范围的扩大，庙里请进了城隍神。城隍文化在明清时期是比较兴盛的，城隍神通常由有功于地方民众的名臣英雄担当，是守护城池之神，也负责掌管当地水旱疾疫及其他“阴间”诸事，并有京都、府、州、县四级城隍之分。上海老城厢城隍庙奉祀的城隍神有霍光、秦裕伯、陈化成，还有传说下海庙是的城隍是国药号蔡同德堂主的女婿，但尚无资料显示下海庙的城隍神是哪一位。从曾用过的庙名看，只知“夏侯”是个姓氏，大名不得而知；而“义王”会是太平天国翼王石达开吗？这些猜测有待历史学家去考证了。不过，当年《申报》对下海庙每年两次的城隍巡游有过报道。巡游路线到达虹口老街，甚至苏州河头坝地段，所以下海庙奉祀的有可能是上海县下辖乡一级的城隍神了。嘉庆年间（1796—1820年）在下海浦上还建有一座桥，名为提篮桥。这里有桥有庙，又聚集了不少商家，有卖香烛的、卖竹篮淘箩各种蔬菜肉食的卖家，已然成为很有规模的乡间聚落。“提篮桥”便逐渐变成这一区片的习惯称谓了，其范围甚至延伸到虹口老街一带。

上海浦、下海浦两段残余河

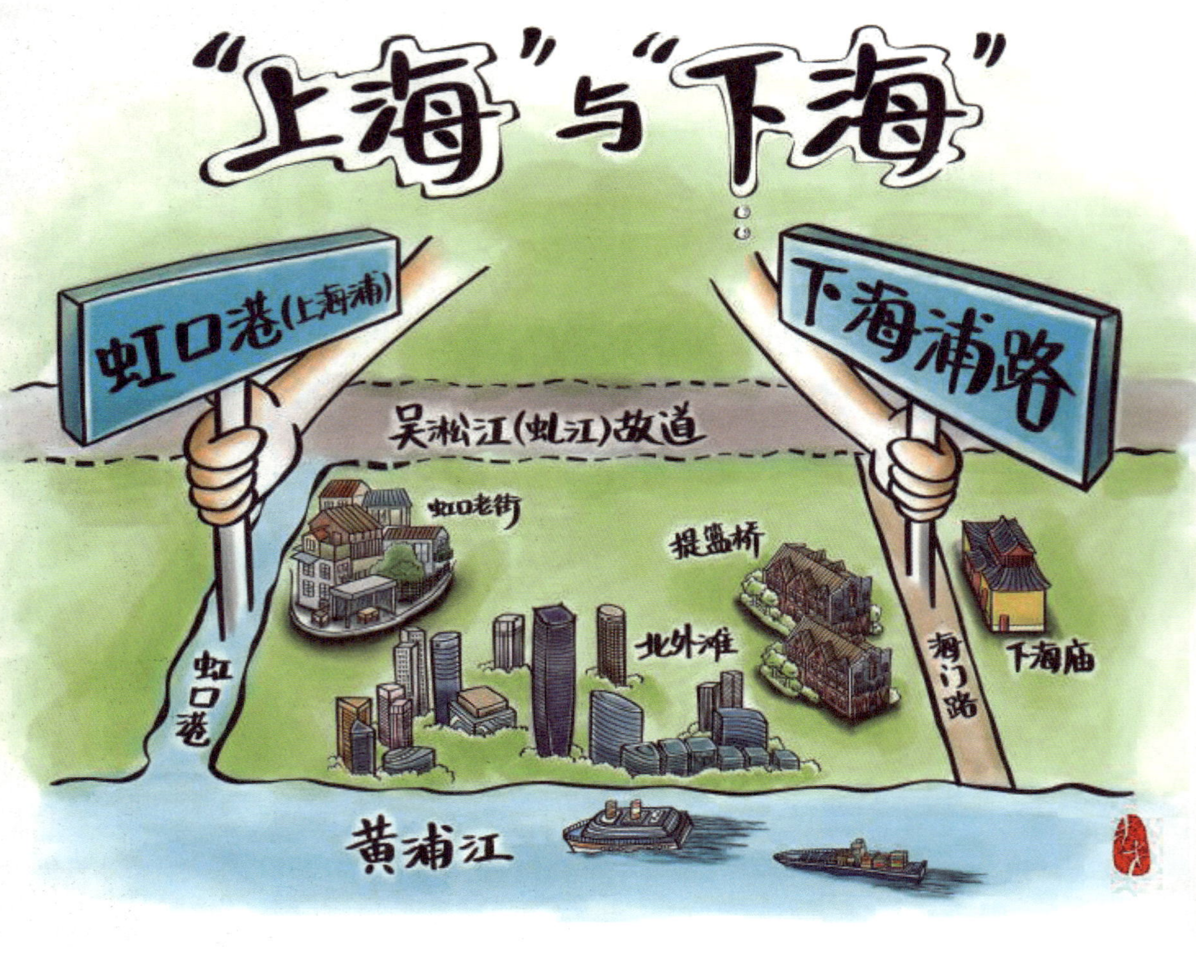

"上海"与"下海"
虹口港(上海浦)
下海浦路
吴淞江(虹江)故道
虹口老街
提篮桥
北外滩
虹口港
海门路
下海庙
黄浦江

道间形成的这个区域我们今天称其为提篮桥北外滩区片。这里开始集聚人口形成村落还不到300年，而上海建镇并从华亭县划出建立上海县至今却有约750年的历史了。上海老城厢是上海历史的发祥地，始终体现着上海传统地域文化的风貌特征。提篮桥地区早期归上海县高昌乡管辖，1863年划入公共租界东区以后，桥梁、道路、学校等公共设施逐趋完善，航运、造船、机器等工商行业相继发展，国内外各类人员纷至沓来……这里可以视为上海租界城市生态的一个缩影。我们说“上海老城厢，下海提篮桥”，除了指上海建镇始于上海浦畔，提篮桥地区成市与下海浦有关之外，从中还能分别感受上海传统文化、江南文化和华洋交融的海派文化之间的不同，从而更深地理解“海纳百川、追求卓越、开明睿智、大气谦和”的上海城市精神的深刻内涵。

本文最后建议有关部门将虹口港名称后面加一个括号，标示为“虹口港（上海浦）”，将海门路改称为“下海浦路”。这样更有利于讲述“上海、下海”的故事，让更多的人更多地了解上海的过去，展望北外滩的美好将来。

虹口江边的老码头

苏秉公

19 世纪中叶，国际航海运输业已经开始在现今的北外滩地区兴起。1845 年英商东印度公司最先建起简陋的驳船码头；1860 年英商宝顺洋行建造了上海第一个轮船码头——宝顺码头；1861 年旗昌码头由美商旗昌洋行建成；1864 年又有英商蓝烟囱轮船公司将这里原有的驳船码头改成轮船码头……随后，沿江码头逐渐增多，规模不断扩大。

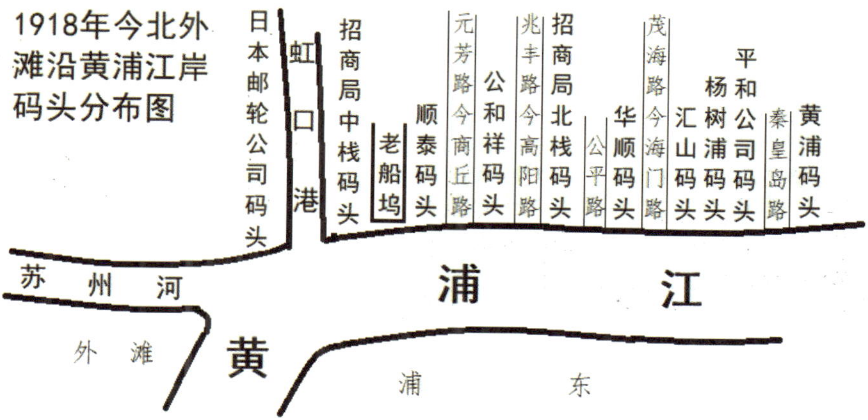

1918 年，今北外滩沿黄浦江岸码头分布图

来自世界各地的货物在此装卸，不同国家和文化背景的人在此汇聚与融合，虹口成为上海最早成规模的国际远洋货物集散地。

1949 年后，虹口区黄浦江沿岸主要有黄浦、杨树浦、汇山、华顺、公平路、高阳路、外虹桥和扬子江等 8 个码头。除了扬子江码头为军用之外，其余的分别归上海港第三装卸作业区（公平路码头）和上海港第五装卸作业区（高阳路码头）管理。

小时候我家住在嘉兴路桥脚下，每到刮东南风的季节，便能听到黄浦江上

20世纪80年代的上海港第三装卸作业区码头现场

传来轮船阵阵的汽笛声。家门口常见一些船家撑着木帆船来到虹口港靠岸装卸货物。不远处的东大名路沿黄浦江边便是不同码头的仓库了，路上常可看见一些从外国轮船上下来的洋水手和停靠在码头的远洋万吨货轮。黄浦江的码头给我留下过一些深深的记忆。

大家知道的现代京剧《海港》，它的初始素材是来源于上海港第三装卸区的。上海的码头工人中很大部分是苏北人，他们对淮剧情有独钟。1963年6月，上海人民淮剧团的年轻编剧李晓民为反映码头工人的生活，带着行李铺盖到上海港第三装卸区的汇山码头深入生活，他与工人们一起下船舱、搬生铁、扛米包、抬水泥，一起参加班组的活动，创作了反映码头工人真实生活的淮剧《海港的早晨》。该剧由著名淮剧演员筱文艳等领衔公演，受到工人们的欢迎，也获得

高阳路码头工人正在使劲地带缆

周恩来、刘少奇、陈毅等国家领导人的赞许，社会反响极佳。后来江青也到上港三区转了一趟，然后指令上海京剧院移植此剧，于是便有了现代京剧样板戏《海港》。

对码头上的装卸劳动，我也是有所体验的。1967年初因为“造反派”夺权，上海的港口装卸生产受到极大冲击，港区货物积压高达40万吨。外轮停港滞卸，每日理赔损失巨大。在周恩来总理关注下，上海不得不组织全市社会力量来支援港口生产。我们这些停课在校的中学生便有机会登上外轮充当装卸工了。我们去码头劳动通常就在虹口一带的上港三区和上港五区。

每次踏入港区都能见到一列列装满货物或卸了货的平板车队在牵引车的带动下穿梭于码头和仓库之间；仓库里、堆场上处处可见紧张忙碌着的工人；码

上海开埠时的虹口码头

头上的繁忙景象正如《海港》唱词所描绘的“看码头，好气派，机械列队江边排。大吊车，真厉害，成吨的钢铁它轻轻地一抓就起来”。停靠码头的有荷兰、希腊、波兰等国的万吨以上载货量的轮船，每艘货轮都有200多米长，有好几个大货舱，每个货舱都在甲板开有货舱口，货舱口两端装有吊杆或起重机。起先听老工人说什么“巴拿马”“苏伊士”的，还以为是船名，后来才知道这是设计建造这些船时以能否通过这些运河为标准而确定的船型，更大的船无法走运河只能绕道非洲好望角，就称为“好望角型”了。我们的任务就是下船舱搬货。上船干活儿先要经海关核对姓名、登记人数，像要出国一样。船舱里的货物常常是成袋的粮食、水泥或是包装成箱、成捆的日用百货等。我们将货物搬到铺开的麻绳编织的大网兜上堆好，由舱口的吊杆或起重机吊出，放到码头的平板车上。每包货物都有百十来斤，在闷热的舱里虽有鼓风机不断送风，几小时搬下来还是汗流浃背，腰酸背痛。这时坐下来喝上一杯保温桶里的冷饮水或盐汽水，那叫一个爽啊！这样的劳动每周一次，大约持续了两个月。

通商码头上准备离港的轮船

当年在公平路还有一个客运码头，上海通往沿海城市的客轮都在那里停靠。1978 年我和夫人带着一岁多的女儿来沪探亲后就在这里乘“长锦号”海轮到大连再转乘火车回黑龙江农场。由于抱着婴孩又带了好多行李，很是狼狈。即将到达大连时，被该船服务员、全国劳动模范杨怀远注意到了。他硬是拿走我两个旅行袋，与其他有困难旅客的行李一起用小扁担挑起，要走近 200 米的路送我们到码头出口。我自以为下乡扛过麻袋，坚持要挑一段。可是才走十几米便服输了，这与扛麻袋还真不一样！我跟在他后面，看着他肩上的担子一颤一颤，

用小扁担为旅客挑物的杨怀远

两腿轻松地前行，心里真心为他的精神所感动。

如今虹口的黄浦江岸变了，码头都已经搬迁。然而，每当我漫步北外滩滨江绿地，欣赏着黄浦江、陆家嘴的美景，感受着彩虹桥、音乐门以及白玉兰广场等建筑风姿的时候，耳边还常常会响起万吨货轮阵阵的汽笛声……

当年的码头工人在卸货

提篮桥的风风雨雨

苏秉公

提篮桥，作为一个区片因下海浦上的一座桥而得名。如“八仙桥”“打浦桥”等区片名一样，原本并没有明确的地理界线。1848 年起这里逐渐被划为美租界，1863 年与英租界合并为公共租界。1899 年租界面积扩大，虹口港以东的本区域与杨浦沿江地带一并成为上海公共租界东区。当年这里虽还是一片村舍、农田、河网、滩涂的农村景象，但上海县辖下虹口、提篮桥地区一些以农业、渔业为主的村落已经存在，今东大名路沿江一带称为徐家滩。

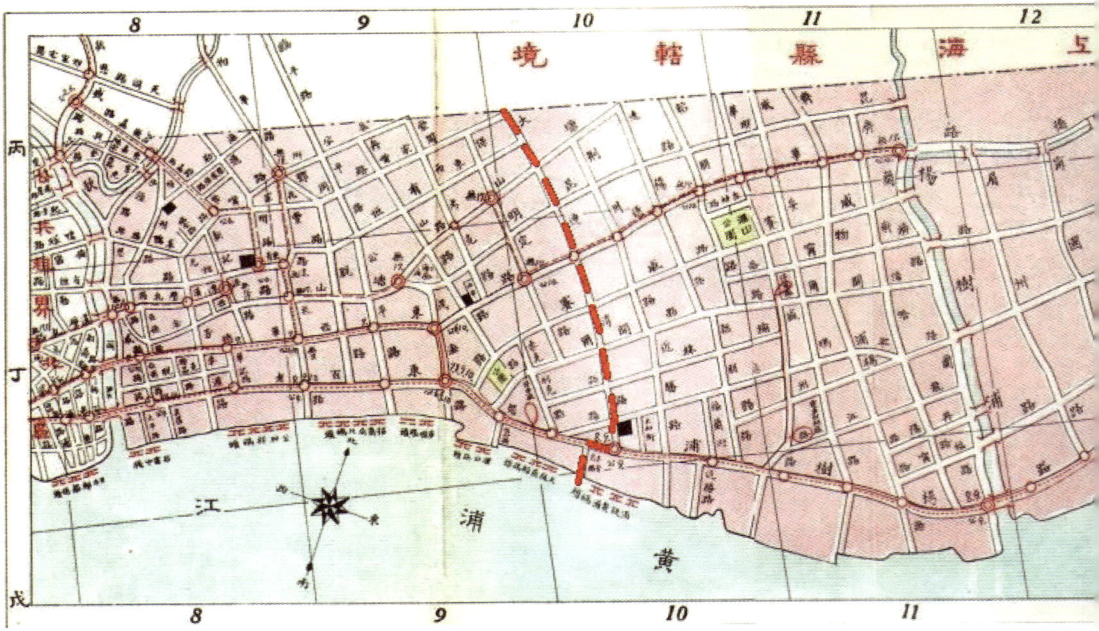

公共租界东部（虚线以西系提篮桥区域）

开埠以后，首先开始城市化进程的是在苏州河和虹口港进入黄浦江的两个河口之间，美国传教士在外虹桥西堍建的救主堂一度成为苏州河口标志性的建筑。随着上海航运贸易的快速发展，外国来港轮船不断增加。虹口港以东的提篮桥徐家滩一带江岸水位较深，水流缓慢，适宜大型船只停靠；江边土地空旷，地价便宜，可以建立较大的堆栈、仓库以存储货物，因此外商投资的近代大型

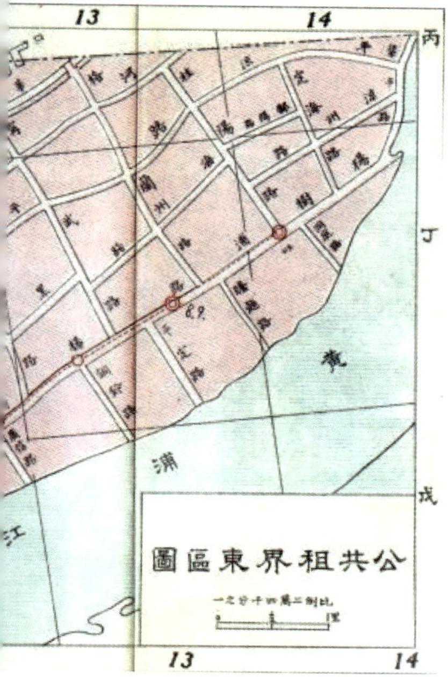

码头纷纷抢建于此。新建和改建的码头大多能停泊蒸汽机动力的吨位较大的船只，故称为轮船码头。而外滩早期的驳船码头开始衰落，转而发展成金融和商业中心，沪上的航运贸易枢纽便逐渐从外滩转移到虹口提篮桥这里来了。无数的外国轮船靠岸卸货，离港出航，码头上繁忙无比，外商投资的船舶修造业也随之兴盛起来，耶松船厂、老船澳、下海浦船厂等先后问世。于是这个地区凭借适中的地理位置、优越的自然条件，人流不断增加，商业日益繁荣，开发范围逐渐扩大。租界当局便开始规划实施这里的道路和公共设施建设。1863 年起，黄浦江岸百老汇路最先筑成；1877 年，虹口港外虹桥以东的百老汇路改名东百老汇路，成为通往杨树浦的一条主干道，1943 年改名为东大名路至今。随后，东西向和南北向的道路逐步完善，照明、消防、供水等公共设施也逐渐到位，一个新的现代城区在黄浦江边形成，地价也随之飙升，成为上海滩投资的热土。

在洋务运动中，清政府于 1865 年购买了美国商人在虹口狄思威路（今溧阳路）沿江一带开设的旗记铁厂，组建“江南机器制造总局”。李鸿章在给清

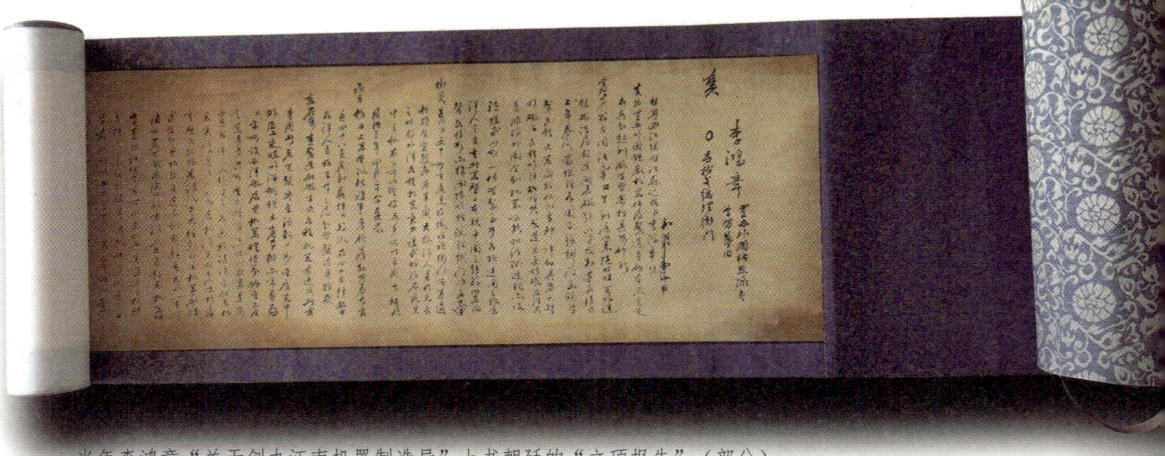

当年李鸿章“关于创办江南机器制造局”上书朝廷的“立项报告”（部分）

廷的申办奏折中再次详述了“师夷长技”的思想，指出“此项外国铁厂机器，觅赎甚难，机会尤不可失”，可见该厂机器设备的精湛程度，虹口提篮桥的外商机器修造业整体水平也可窥一斑。在航运、码头发展的同时，那些配套于产业需要的中小型民族工业企业也依附于外商顺势而生，这里成为上海民族工业重要的发源地和集聚地。1866 年，广东香山人方举赞在上海东百老汇路创办了发昌机器厂，这是中国第一家民族资本企业，标志着在中国封建经济解体过程中资本主义生产方式的产生。浙江宁波人叶澄衷原在百老汇路设摊贩卖食品并为水手交换五金工具。以后五金业务扩展，1862 年开设了上海五金店号中最著

21 世纪初的东大名路航运一条街

解放初期的提篮桥地区

名的顺记五金洋什货号。之后，在江浙、华中、华北一带开设十余户分支联号，叶澄衷被人们誉为“五金大王”，百老汇路一带也成为上海五金行业的集聚地。20 世纪初，中国最大的两家民族卷烟厂南阳兄弟烟草公司和华成烟草公司总部搬到提篮桥，这里骤然成为上海民族卷烟业的重镇，集中了上海 38% 的卷烟工厂。除此之外，提篮桥地区还拥有中国民族资本的第一家针织厂——云章袜衫厂、中国设立最早的民族印刷机构——同文书局、民族资本家自立创办的第一家灯泡厂——华德灯泡厂等。

然而，民族资本始终受到外国资本的排挤。特别是“八一三”抗战爆发后，提篮桥地区遭受严重破坏。企业、民居几乎毁于一旦，五金街也转到苏州河南的北京路去了。直到抗日战争胜利后，上海的租界全部收回。与整个上海一样，

1945 年抗战胜利后提篮桥区位置图

提篮桥地区开始了新的发展历程。1945 年，上海行政区划分为市区区和郊区区。其中市区区共 20 个，“提篮桥”这三个字第一次被一个行政区划冠名采用，拥有了确定的地理概念。提篮桥区范围东起大连路、秦皇岛路，南沿黄浦江，西沿沙泾港、虹口港，北抵新港路、四平路。1959 年提篮桥区与虹口区合并，定名为虹口区，提篮桥区这个使用才十几年的区划名称消失了。1991 年，虹口区东长治路、海门路街道合并，成立提篮桥街道办事处。2018 年，北外滩街道的建立，覆盖了整个提篮桥街道区域，“提篮桥”在街道建制层面出现 27 年后也消失了。不过民间还是习称这里为提篮桥北外滩，这是老居民们对以往的怀念和对未来的憧憬。

在提篮桥这个区片中，东大名路、海门路和霍山路交会处历史上一直是上海沪东重要的“提篮桥商业中心”。这里经济繁荣、交通便利、人文荟萃，只因长阳路上有个提篮桥监狱，容易被人误解为这是一个“犯人”的集中地。现在是消除这个误解，还给大家心目中一个“大名鼎鼎提篮桥”的时候了！

小贴士

提篮桥商业中心（资料来源：虹口区志）

上海开埠后，今东大名路、海门路、霍山路三路交会处，逐渐成为商业繁荣地段。上海沦陷后，该地区为犹太难民居住区，成为充满异国情调的商业街。抗战胜利后至解放前夕，该地区有商店96家，还建有汇山电影院、东海电影院、东山影剧院及汇山公园，是沪东地区重要的商业中心。解放后，政府将分散、小型、不完整的商业网点，调整为大中小相结合、专业与综合相结合的商业中心。1958年，该地区内鞋帽、百货、文具、烟杂等31家商店合并为大名百货商店；宝记、美达、艺华等26家服装店合并为东风服装商店；天福楼、兰村、鸿兴等3家饭店合并建成两层楼的北京饭店。1959年维也纳皮鞋店迁至霍山路。1978年18层的大名饭店在提篮桥闹市区开张营业。1988年27层远洋宾馆开始接待中外宾客。大名百货公司1989年12月迁至新址营业，并于海门路设立黄金饰品行；利群旧货商店成为虹口区最大的日用品调剂商店；友谊交电家电商店、绵阳湖山音响总汇成为骨干企业；三味大酒店、豪门酒家、东虹大酒店、萃华楼、北京饭店装潢豪华，档次高雅。万象照相馆、叶大昌公司、一定好炒货店、大丰制衣公司等一批市、区名特商店也在该地区设立分店。提篮桥绸布店经营品种门类齐全。另外，还有其他各类小型商店200余家。如今，提篮桥商业中心经过新的调整改造展现着崭新的面貌。

耶松船厂：中国船舶修造起始地

王立华

北外滩，上海开埠以来中国睁眼看世界的起航之地，也是中国船舶修造业的起始地。19世纪中后期，从这一带船坞内修理和建造好的各类轮船拉响汽笛，离开桅杆林立的北外滩码头，驶向海内外多个港口。而今位于东大名路388号的一幢5层红砖绿瓦的塔顶式建筑见证了这壮观的一幕。

这幢位于东大名路旅顺路口的建筑，占地面积1564平方米，建筑面积4444平方米，外立面呈绛红色、白线勾勒，立面是台锥状，西立面中部为塔楼造

具有缅甸风格的建筑

型，是沪上少有的缅甸式风格建筑。1994 年 2 月 15 日，上海市人民政府公布这幢建筑为上海市优秀历史建筑，现属上海远洋运输公司。大门左边墙上挂着一幅黑底金字的标牌“耶松船厂旧址”，附有中英文说明：耶松船厂创建于 19 世纪 60 年代，为上海近代最早的一家大型外国修船与造船厂。

据有关史料记载，外国资本投资额最多的就是船舶修造业，位于北外滩的耶松船厂，就是英商投资在华设立的最早也是最大的一家船舶修造厂，由英国人佛南于 1865 年创办，又名“老船坞”，船坞长 112.8 米，门宽 16.46 米，满潮时可容纳吃水 4.27 米深的船舶修理，该船厂设施先进，在沪上首屈一指。1897 年 10 月 29 日《申报》曾刊出一篇由中国人写的《游耶松船厂记》，文中写道：“耶松为上海 20 余年老厂，得以一见之，足以开眼界，喜不自胜。尤为船厂内新奇、乖巧的几件事：一是船坞进水、出水之机巧，配备了蒸汽引擎抽水机等；二是有机器工场、翻砂车间，锯斧一切，皆用机器；三是厂房排列有序、布局有方。”这些从今天来看都属平常了，但当时却是了不起的工业设施。

在 1892 年到 1901 年这 10 年间，耶松船厂不仅修造了许多拖船、驳船，而且还建造了相当吨位的沿海沿江航运轮船，如远东地区最大的商船、载重 2522 吨的“源和号”，还有如“长和号”“绥安号”等。1901 年，耶松船厂与英国在沪的另一家大船厂——祥生船厂联合改组为耶松公司，1906 年改名为耶松有

20世纪初的英商耶松船厂

限公司，从此垄断中国船舶修造业达 30 余年。1936 年，耶松与瑞镕船厂合并称“英联船厂”，此为上海船厂的前身。

百年沧桑，当年耶松船厂的船坞、工场、车间等早已不存在，但这幢建于 1908 年的 5 层办公楼“耶松大楼”却保留了下来；同时作为“耶松”的延伸，上海船厂仍在谱写上海船舶修造业的辉煌篇章。这家以造船、修船为主体，兼有大型钢结构及海洋工程等综合生产能力的国有大型骨干企业，自 20 世纪年代以来至 2018 年，已为国内外船东建造各类船舶近千艘，如全球首艘 10.8 万吨冰区加强型货船“白令海峡”号、钻井船“Tiger1”号、海洋石油系列三维深入多缆物探船、3500TEU 集装箱船等，上海船厂的年修船能力达到百艘以上，如将海洋石油 719 号改装为八缆地球物理勘探船、对极地科考船“雪龙号”进行改装等。企业曾多次荣获“上海市优秀企业”“上海市高新技术企业”等称号。2005 年 5 月，

“老船坞”是上海近代第一家船舶修造厂，厂址约在今东大名路太平路一带，现为上海国际港客运中心

厂区从陆家嘴搬迁至崇明岛，成为中船集团五大造修船基地之一、三大海工生产基地之一。2018 年，由于崇明岛确立为世界级生态岛，上海船厂就不再继续承担造船和修造业务。

船舶修造业和航运业是紧密相连的，现为“耶松”所在地的上海远洋运输公司，凭借 40 多年的远洋船舶管理经验和优势，熟练地掌握船舶局域网和船

入口雨棚为翘屋檐，圆形券门

绿色琉璃瓦翘檐

岸数据通信系统，推广运用船舶管理信息系统，管理着总箱位居中国第一、世界第七的中远集团大型集装箱运输船队，船队航行于全球 20 多条主干航线，挂靠世界 100 多个重要港口。上海远洋运输公司为我国物流业发展和对外贸易的增长做出了重大贡献。

耶松大楼建成于 1908 年，如今紧靠着上海港国际客运中心的这幢缅甸式建筑，绛红色的墙面上已有了斑驳的痕迹，仍安然地矗立在东大名路、俯视着黄浦江，仿佛正向过往行人讲述着从耶松、英联到上海船厂、上海远洋运输公司的故事，回顾已被时光沉淀的中国人睁眼看世界的起航之地。

“耶松”大楼，为北外滩增添了一份魅力。

只有一个门牌号的太平路

李榕樟

太平路局部

上海的马路数不清，其中最短的是虹口区溧阳路旅顺路间东大名路南侧的“太平路”。

20世纪80年代，我天天上下班乘坐27路公交电车与它擦肩而过，2020年春故地重游，往南一望，道路所在位置好像是剧场1排1座，正前方黄浦江对岸，是浦东陆家嘴金融贸易区的“厨房三大件”：上海最现代标志性建筑。触景生情，我想起这里昔日是上港五区5号泊位，而西至虹口港为外虹桥码头。1996年，我作为《航道报》编辑、记者曾来到改名后的上港五区高阳装卸公司，造访同行《高阳纵横》报编辑孙先生，晚上在他工作的大楼上，我拍摄了正在崛起的浦东，对岸亮灯又放焰火，镜头里有上海海关浦东大楼和东方明珠电视塔等，彩照洗出来后，见者都说很棒，我把它取名为“骊珠争辉”，不仅趁着近水楼台，在《航道报》登载了，又投给《浦东周报》的田编辑，也得以发表。我站在北外滩眺望浦东感慨万千：太平路和我，都是浦东发展的见证者，目睹了太多的精彩和辉煌。

现在的太平路

太平路往东不远，有一幢很罕见的缅甸式5层红砖建筑，顶端塔亭为翘檐四方绿瓦锥顶，别具风格，墙外贴了一块优秀历史建筑的标牌，上注“耶松船

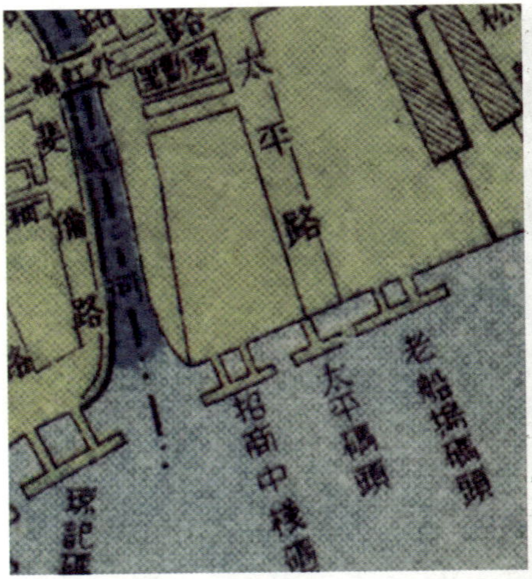

早年东大名路太平路上的热闹景象

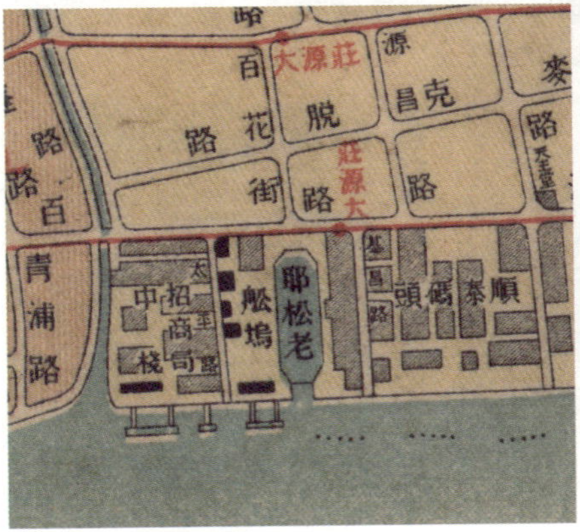

早年的太平路地图

早期的东大名路太平路

厂旧址”。太平路毗邻“耶松”，其建造年代大概在19世纪60年代北外滩一带码头兴起的年代。老照片上沿路有很规整的两层楼英式建筑，似乎是咖啡馆、栈房之类，店招也完全用英文。太平路以前有50米，为配合北外滩建设上海国际客运中心和白玉兰广场等150万平方米的商务、商业和酒店设施，并与地铁连通，2008年后，东大名路和东长治路拓宽 “还岸线于民”，建成总共16万平方米的沿江绿化带。如今的太平路，掐头去尾就只有20多米，更短了。

遗憾的是，太平路的路牌不像上海其他路牌，有路段门牌的提示，该路本来只有1号，就是码头门牌，后来演化成上海港国际客运中心和上海浦江海关太平路东侧的码头建筑，这一带新建项目占地面积约16万平方米，码头岸线长度约850米。上海港国际客运中心项目形成开放的公共滨江绿化和观景岸线，新建了国际客运综合大楼、上海国际港务集团办公楼以及与国际客运配套的宾馆、商务、办公建筑等设施，2007年投入使用。2008年5月，享有黄浦江畔“一滴水”美誉的上海港国际客运中心投入试运营，成为上海港首个拥有4个5万吨级以上泊位的“国际母港邮轮港湾”，这些设施共用大路东大名路的牌号，而太平路上有好几个门洞都是车道出口，没一个门牌。所以，从这个意义上说，太平路短得不能再短。市政道路按规定都得标号，而太平路没有。

据我所知，从19世纪中叶开始，太平路一直是远东重要的国际邮轮港所在地，国人出国与外国人进港都必经此外虹桥国际客运中心。比如1876年12月2日，中国首任驻外公使郭嵩焘乘邮轮赴英就职；1911年12月15日，孙中山乘“丹佛”号从日本抵沪来上海组织国民政府；1930年3月9日，喜剧大师卓别林访华乘“柯兰芝总统”号抵沪，3个月后再度登陆上海。解放后高阳码头成为上海港第五装卸作业区，后更名为高阳港务公司，共有7个泊位，外带一个1973年建造的外虹桥客运码头。20世纪80年代，“新鉴真”号、“苏州”号、“新上海”号等现代化旅游客轮相继靠泊此处，开辟了中日、中韩、内地与香港等海上旅游航线，每年约有来自海内外的30艘国内外游轮到港，出入境旅客达3万多人次。

太平路，“太平”两字简简单单，却包含无尽的祝福和牵挂，“黯然销魂者，唯别而已矣”。沿江“太平码头”因水而兴，170多年来，不知有多少人，无论是送行的还是告别的，因为一去不知多久，再见不知何年，所以唱支骊歌、折条杨柳，说得最多的无非就是祝愿对方太平，过往的外虹桥客运中心用太平路1号门牌乃天经地义，而今太平路所有门洞却傍大路，改用东大名路号码，找地儿虽说便利，但从人文角度看，则无疑有很大的失落和遗憾。

北外滩街道历史沿革

陆雯

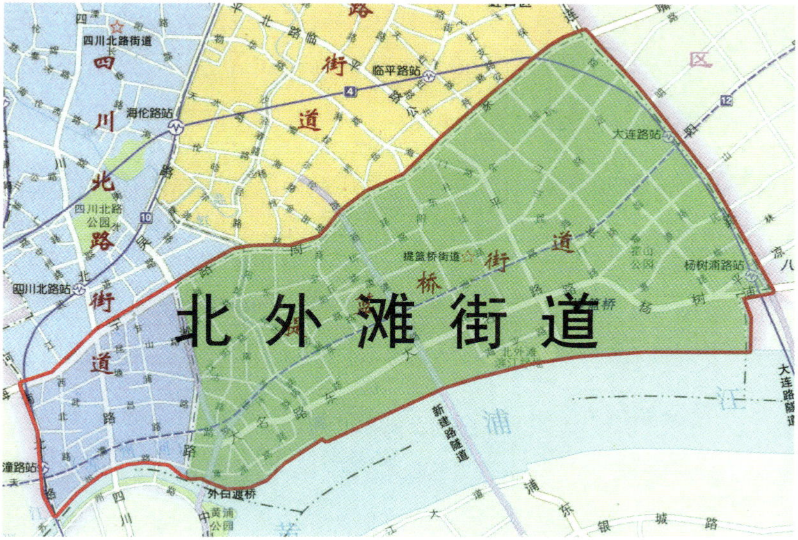

北外滩街道行政区划图

2018年2月9日，北外滩街道举行揭牌仪式。新成立的北外滩街道辖区东至大连路、秦皇岛路，北至海宁路、周家嘴路，西至河南北路，南至苏州河、黄浦江，涵盖了原提篮桥街道的整个辖区和四川北路街道的部分辖区，面积约4平方公里。虹口区现有黄浦江滨江岸线2.5公里，北外滩街道的成立，首次将区内所有滨江岸线纳入一个街道办事处的辖区内。根据虹口区“十三五”规划，全区划分成北部功能区（科技创新产业集聚区）、中部功能区（商旅文体融合发展区）、北外滩功能区（金融航运双重承载区）三大功能区。北外滩街道的辖区范围与北外滩功能区的范围相同，将有利于促进北外滩滨江区域的整体开发与管理。

北外滩街道的历史沿革是怎样的？让我们翻开虹口区档案馆的馆藏档案，回望北外滩街道的历史变迁。

1843 年，上海开埠后，在沪的各国侨民日渐增加。1848 年，美国基督教圣公会传教士文惠廉向时任上海道台吴健彰提出，将吴淞江（苏州河）北岸的虹口一带辟为美侨居留地，得到了吴健彰的口头应允，但当时并未界定明确的租界界线。直至 1863 年 6 月 25 日，才首次确定了美租界的界线，大致位于今唐山路一带。当年 8 月，英租界、美租界合并，改称英美租界。至 1899 年 5 月，经过两次扩张的英美租界，其边界向北扩展至今周家嘴路周沿。同年，英美租界改称公共租界。至此，租界辖区包括了今北外滩街道所属区域。之后，今北外滩地区作为租界的一部分，历经工部局、侵华日军和汪伪政府的控制管辖。

抗战结束后，国民政府于 1946 年 2 月正式收回上海租界，随后，按警区的管辖范围划分上海各区。至 1948 年，上海市共有 30 个区，其中市区 20 个、郊区 10 个。现今的虹口区境为当时的虹口区、北四川路区、提篮桥区的辖

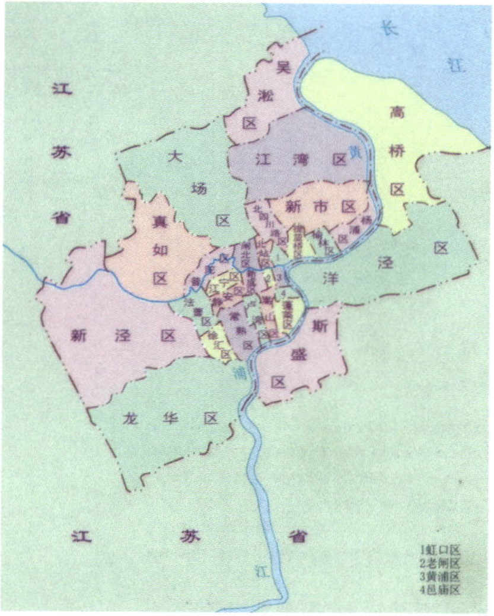

1948 年上海行政区图

1987 年东长治路街道等 5 个街道办事处辖区示意图

区和新市区、江湾区、榆林区的部分辖区。其中，原虹口区、提篮桥区、榆林区处于（或部分处于）今北外滩街道的辖区内。

1949 年后，今虹口区的辖区范围经历了多次变更。1952 年，新市、江湾两区合并为江湾区。同年 11 月起，上海市各区陆续设置政府的派出机构即街道办事处。1956 年 3 月，北四川路区和原虹口区合并为虹口区，吴淞区、江湾区、大场区合并为北郊区。

1958 年，原榆林区的大连路和大连西路以南地区及原北郊区的大连西路以南地区划归提篮桥区。1959 年 12 月，提篮桥区并入虹口区，至此，“提篮桥区”这个行政区域名消失了。合并后的虹口区内共有街道办事处 16 个。

此后，虹口区的各街道办事处经过多

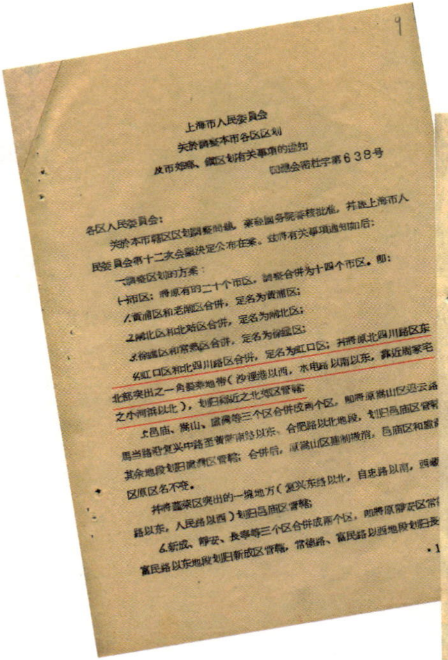

9

上海市人民委員会
关於調整本市各区区划
及市郊乡、镇区划有关事項的通知
(56)滬会秘社字第638号

各区人民委員会：
关於本市辖区区划調整問題，業經國务院審核批准，并經上海市人
民委員会第十二次会議決定公布在案。兹將有关事項通知如后：
一調整区划的方案：
(一)市区：將原有的二十个市区，調整合併为十四个市区。即：
1.黄浦区和老閘区合併，定名为黄浦区；
2.閘北区和北站区合併，定名为閘北区；
3.徐匯区和常熟区合併，定名为徐匯区；
4.虹口区和北四川路区合併，定名为虹口区；并將原北四川路区东
北部突出之一角楔形地帶（沙涇港以西，水电路以南以东，靠近周家宅
之小河浜以北），划归鄰近之北郊区管轄；
5.邑庙、嵩山、盧湾等三个区合併成两个区，即將原嵩山区沿云南
馬当路沿复兴中路至黄陂南路以东、合肥路以北地段，划归邑庙区管
其余地段划归盧湾区管轄；合併后，原嵩山区建制撤消，邑庙区和盧
区原区名不变。
并將蓬萊区突出的一塊地方（复兴东路以北，自忠路以南，西藏
路以东，人民路以西）划归邑庙区管轄；
6.新成、靜安、長寧等三个区合併成两个区，即將原靜安区常
富民路以东地段划归新成区管轄，常德路、富民路以西地段划归長
·1

《上海市人民委员会关于调整本市各区区划及市郊乡、镇区划有关事项的通知》(56) 沪会秘社字第 638 号

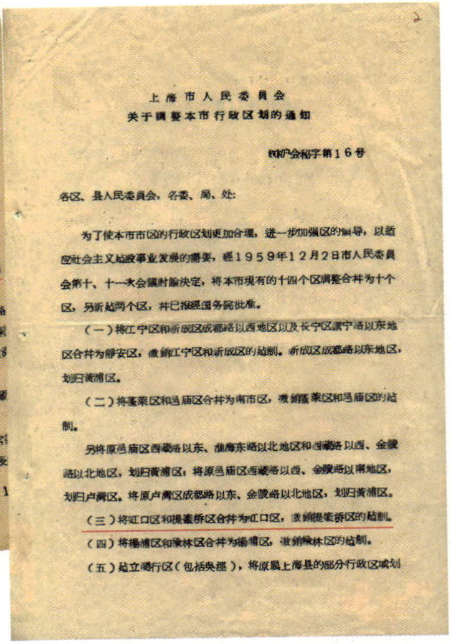

2

上海市人民委員会
关于調整本市行政区划的通知

(60)沪会秘字第16号

各区、县人民委員会，各委、局、处：

为了使本市市区的行政区划更加合理，进一步加强区的領导，以适应社会主义建設事业发展的需要，經1959年12月2日市人民委員会第十、十一次会議討論决定，将本市現有的十四个区调整合并为十个区，另新建两个区，并已报經国务院批准。

（一）将江宁区和新成区成都路以西地区以及长宁区延安路以东地区合并为静安区，撤銷江宁区和新成区的建制。新成区成都路以东地区，划归黄浦区。

（二）将蓬萊区和邑庙区合并为南市区，撤銷蓬萊区和邑庙区的建制。

另将原邑庙区西藏路以东、淮海东路以北地区和西藏路以西、金陵路以北地区，划归黄浦区；将原邑庙区西藏路以西、金陵路以南地区，划归卢湾区。将原卢湾区成都路以东、金陵路以北地区，划归黄浦区。

（三）将虹口区和提籃桥区合并为虹口区，撤銷提籃桥区的建制。

（四）将楊浦区和榆林区合并为楊浦区，撤銷榆林区的建制。

（五）建立閔行区（包括吳涇），将原属上海县的部分行政区域划

《上海市人民委员会关于调整本市行政区划的通知》(60) 沪会秘字第 16 号

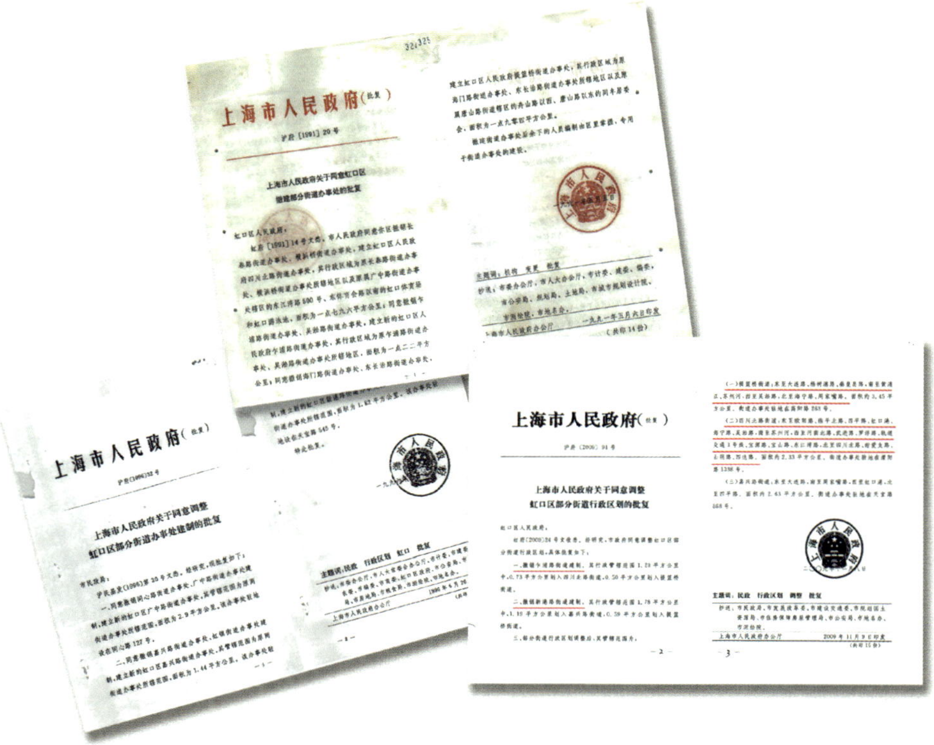
上海市人民政府（批复）

沪府［1991］20号

上海市人民政府关于同意虹口区撤建部分街道办事处的批复

上海市人民政府（批复）

沪府［1996］32号

上海市人民政府关于同意调整虹口区部分街道办事处建制的批复

上海市人民政府（批复）

上海市人民政府关于同意调整虹口区部分街道行政区划的批复

《上海市人民政府关于同意虹口区撤建部分街道办事处的批复》沪府［1991］20号（上）
《上海市人民政府关于同意调整虹口区部分街道办事处建制的批复》沪府［1996]32号（左）
《上海市人民政府关于同意调整虹口区部分街道办事处建制的批复》沪府［1996]32号（右）

次调整，至1987年11月，包括广中路、长春路、东长治路、乍浦路、同心路、曲阳路、运光新村、吴淞路、欧阳路、虹镇、海门路、唐山路、新港路、嘉兴路、横浜桥、凉城新村等16个街道办事处及江湾镇人民政府。其中，东长治路、乍浦路、吴淞路、海门路、唐山路等5个街道办事处辖区位于（或部分位于）今北外滩街道辖区内。

20世纪90年代，为促进行政管理，推动地区经济发展，今北外滩街道辖区内的各街道办事处又进行了一系列整合。1991年5月，吴淞路、乍浦路街道办事处合并，成立新的乍浦路街道办事处；横浜桥、长春路街道办事处合并，同时划入原广中路街道所辖东江湾路500号、虹口体育场、虹口游泳池等处，成立四川北路街道办事处；东长治路、海门路街道办事处合并，并划入原唐山路街道的同丰居委会，成立提篮桥街道办事处。

1996年7月，新港路和唐山路街道合并，成立新的新港路街道。至此，共有乍浦路、提篮桥、新港路3个街道办事处辖区位于（或部分位于）今北外滩街道辖区内。

2009年11月，虹口区为推动当时“一区一街一圈”（北外滩航运服务集聚区、四川北路商业商务文化休闲街、大柏树知识创新与服务贸易圈）的发展格局，撤销乍浦路街道，将乍浦路街道吴淞路以东部分划入提篮桥街道，吴淞路以西部分划入四川北路街道；撤销新港路街道办事处，将新港路街道周家嘴路以南部分划入提篮桥街道，周家嘴路以北部分划入嘉兴路街道。是年年底，虹口区共有嘉兴路、四川北路、欧阳路、广中路、提篮桥、曲阳路、凉城新村、江湾镇等8个街道办事处。其中，四川北路、提篮桥街道办事处辖区位于（或部分位于）今北外滩街道辖区内。

2018年1月29日，《上海市人民政府关于同意撤销虹口区提篮桥街道和调整四川北路街道管辖范围建立北外滩街道的批复》（沪府〔2018〕8号）发布，北外滩街道正式成立。

虹口港上『说』桥忙

张林凤

当年的外虹桥下

虹口港，仅 1.5 公里，却由南向北依次坐落着七座桥，在波光粼粼的河面上争相展姿；以桥串起的经典故事，为时尚迷人的北外滩再添一道霓虹。花上一天时间，悠哉乐哉地领略每座桥的风采，扫个码、刷下屏，就能了解“桥们”的前世今生。

20 世纪 50 年代，生活在嘉兴路区域的小姐弟俩在当年的嘉兴路桥畔拍摄

我曾居住在距虹口港百多步之处，在此生活了 20 多年，与虹口港上的桥无数次亲密接触。从虹口港东侧的溧阳路，过桥到西侧的九龙路，环绕虹口港生活、工作的静好岁月，镌刻心底的情愫不泯。

虹口港上的桥，令人遐思无限。它们有正名，还有别名或曾用名，亦是“腹有诗书气自华”。大名路桥（外虹桥）、长治路桥（中虹桥）、汉阳路桥（里虹桥）、余杭路桥（电灯厂桥）、海宁路桥（四卡子桥）、哈尔滨路一号桥（头道桥）、嘉兴路桥（沈家桥）；《虹口区志》记载，七座桥中，最早的可追溯到清乾隆年间建成的中虹桥和里虹桥；最年轻的数 1912 年建成的电灯厂桥。

在我心目中，“外虹、中虹、里虹”三座桥，就是承载美好愿望的彩虹桥。我的女儿出生在虹口港边，民间习俗，宝宝满月这天，要由长辈撑伞抱着宝宝

熙华德路桥，俗称中虹桥（今长治路桥）

外虹桥遗址

走过三座桥，寓意走上了顺当的人生路。女儿满月这天，我妈和我抱着女儿撑着伞，由“里虹”至“中虹”及“外虹”，走过三座“虹桥”，这是属于女儿的“外婆桥”啊。为纪念这美好的一天，又在中虹桥东堍的康乐照相馆，为女儿拍摄了满月照。

其实，虹口港上还有一座与“虹”沾亲带故的桥，那就是“新虹桥”，它的正名是余杭路桥，老居民叫作“电灯厂桥”。我曾在毗邻此桥的春阳里居委会工作过，对它有着别样的眷恋。在溧阳路石库门里的工作处所，开门就见虹口港，出门就上余杭路桥。居委会的任阿姨，每次与我一起走过这座桥，话题常就扯到桥上：这条九龙路以前叫斐伦路，这里有爿电厂，是中国的第一家发电厂。发电嘛，就是用来电灯照明的，当然要叫电灯厂桥喽。

虹口港上的桥，是有故事的桥。海宁路桥的前身是鸭绿江路桥，然而，知道此桥别名“四卡子桥”，缘起2011年采访文化老人丁景唐。爽朗幽默的丁老说起，童年时曾住在鸭绿江路桥东南侧的三陛里，人称“赤膊弄堂”，鸭绿江路桥也叫“四卡子桥”。原来，在19世纪五六十年代，上海的百货糖捐局在此处设立征税关卡，因这个关卡依次为第四，所以被叫成“四卡子桥”。

四卡子桥还与沪语专指倒卖票证的“黄牛”搭上了边。1933年，上海租界工部局在四卡子桥畔建成上海最大的宰牲场（现改建成1933创意产业园），以屠宰黄牛为主，每天有成群的黄牛被驱赶过桥进入宰牲场。沪俚语“四卡子桥的货色”，隐含骂人“黄牛”的意思，成为掮客或不守信用者的代名词。

虹口港是都市里的“桥乡”。从海宁路桥畔的溧阳路景观步道北行不远，哈尔滨路桥就在脚下了，老居民叫作“头道桥”，桥东堍连接哈尔滨路风情街，沿这条弥散欧式风情的弹街路行百米，就踏上沙泾港上的哈尔滨路二号桥，也叫“二（沪语ni）道桥”，一条弹街路恋上两座桥，应是中心城区独特一景；返回溧阳路，继续北行百步更有惊奇，但见红色外墙的半岛湾园区，映衬的倒影有沙泾港环绕，与哈尔滨路桥呈90度的溧阳路桥，跨建在沙泾港上，沙泾港就在溧阳路桥下流入虹口港；北端不远处的嘉兴路桥下，又有俞泾浦涌入虹

20 世纪 30 年代后期至 40 年代早期，近余杭路桥的虹口港段

现在的余杭路桥

口港，三条河流交汇辉映，形成丰饶的虹口港水系，造就一方风水宝地。

提及嘉兴路桥，桥名曾令我疑惑，它被四平路和吴淞路衔接，为何叫嘉兴路桥？那日，我在桥下的瑞嘉苑小区外，遇见散步的上海爷叔，为我讲述了来龙去脉。原来，现在的四平路（九龙路至吴淞路段），原为嘉兴路，嘉兴路走向以虹口港上的原嘉兴路桥为界，（据说，离原嘉兴路桥不远处，还曾有一座虬江路桥，在战争中被炸毁）；桥西侧是嘉兴路，1992 年，拆除原桥建成现在的桥，嘉兴路拓宽变身四平路的一部分，溧阳路被分成两截；原桥东侧为东嘉兴路，被新建的瑞嘉苑小区占去一段，成为小区里的路段，将剩余的东嘉兴路改成嘉兴路。缘于嘉兴路桥的人文历史吧，新建的桥还是用嘉兴路桥命名。

日影化为虹，桥形跨海通。虹口港上的桥，见证了百年上海滩的变迁，更见证了北外滩的建设发展。如今的北外滩，又融入长三角发展的恢宏大势，成为新时代都市发展的新标杆，虹口港上的桥，吸引更多的人近悦远来。如果意犹未尽，还有沙泾港上的多座桥，亦有热情的怀抱，容你尽情踏访观赏。

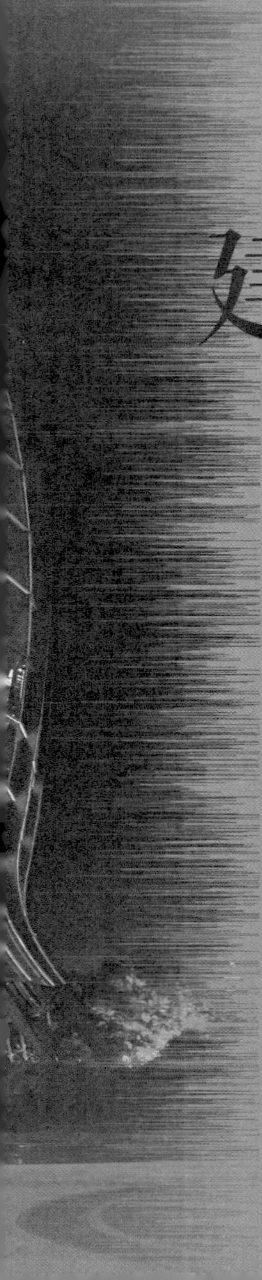

建筑解读

JIAN ZHU JIE DU

建筑是可以阅读的。“一滴水”“白玉兰”“双子塔”……这些北外滩的地标令人神往;“提篮桥”“下海庙”“雷士德”……这些北外滩的经典令人回味。泛黄的“老底子”与时尚的“现代风”，从上海170多年前的开埠一路行驶而来，每一幢、每一栋建筑都是一部加注了哲理的史诗。穿越历史长风，回首递嬗前沿。本章节想说：打卡北外滩网红地的朋友，你漫步滨江绿地、光顾白玉兰商圈、品尝“点都得”美食后，不妨抵近领略北外滩片区风格迥异、奇思妙想的建筑群落，发挥你无穷尽的想象力，选择你钟情的建筑故事，赋予它心中的赞歌吧。

南洋兄弟烟草公司的情调和腔调

金洪远

1936年的南洋兄弟烟草公司

位于东大名路817号矗立着一座气势恢宏的花岗岩大楼，这栋始建于1915年颇具东南亚寺庙风格的建筑，占地960平方米，采用钢筋混凝土无梁楼盖结构，建筑通体呈灰白色，而第五层的窗户别出心裁设计成半圆券式样，和顶楼一侧对称的塔楼遥相呼应，稳健中隐含别样飘逸和豪气，这就是当年我居家提篮桥地区老同事嘴里津津乐道的情调和腔调兼而有之的南洋兄弟烟草公司大楼。

南洋兄弟烟草公司创建于1916年，东大名路817号这幢情调和腔调兼而有之的大楼，成为南洋兄弟烟草公司的企业中心。20世纪初，中国民族资本迎来了难得的发展良机，这家创立于香港，崛起于上海的烟草公司，

新高阳大楼外墙

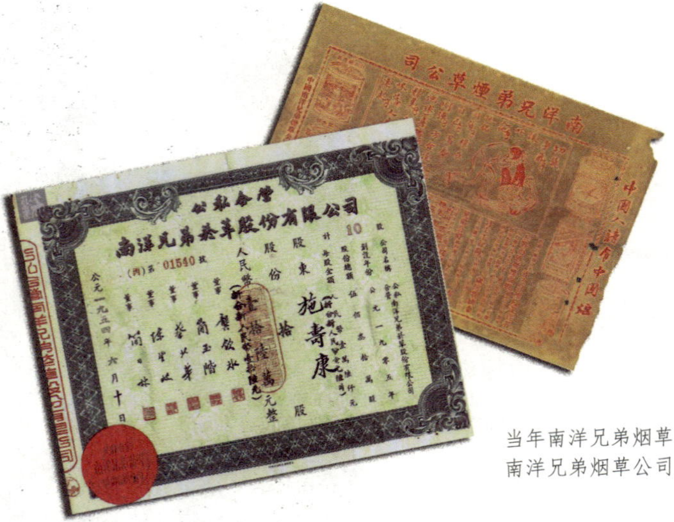

当年南洋兄弟烟草的股票
南洋兄弟烟草公司广告

在内挤外压的经营环境中，左冲右突，逆势飞扬，通过国内历次提倡国货运动和社会各界人士的大力支持，得以生存和发展，长达半个世纪，成为当时唯一可以与英美烟草公司商战中相抗衡、难能可贵的民族卷烟企业。而这幢气势恢宏的大楼是民族工业艰难兴起的物证，创始人简照南、简玉阶兄弟就是其中杰出的代表人物。

出身于广东佛山家境贫寒的简氏兄弟，凭着聪慧，凭着爱拼才会赢的进取精神，先后到日本经商打拼，尔后，兄弟俩就在泰国曼谷开办经营百货的“怡生兄弟公司”，淘得第一桶金后，又开办了“顺泰轮船公司”，成为东南亚地区著名的航运公司。1905 年，兄弟二人在香港创办了广东南洋烟草公司，为闯荡上海摊奠定了坚实的基础。

辛亥革命后，华侨爱国心大受鼓舞，国货畅销。兄弟二人抓住时机，乘势而上，致力于推广中国货，新产品畅销华南及南洋各地。公司生产“双喜”“洪金龙”“白鸽”等品牌卷烟。随着公司业务迅猛进展，1916 年在上海设立分厂，每年盈利均高达百万元。1918 年改上海厂为总厂，香港厂为分厂，工人达万余名。成为 1949 年前中国，由华侨资本经营的最大一家民族卷烟企业，打破了英美烟草公司对中国烟草业的独占局面。在那战乱不断的时代，“双喜”品牌以民族自强为目标，本着为国人传递喜悦的愿景，艰难抗击外烟，成为当时最畅销、最受国人喜爱的国产卷烟，谱写出民族卷烟工业史上浓墨重彩的一笔。喜好观赏老电影的观众，可以在屏幕里看到影片中男主角抽“双喜”烟的镜头。而当年矗立在东大名路 817 号的这幢大楼，是简氏兄弟以国货为号召，发展中国民族工业，励精图治振兴民族工业的见证。

这家老牌的民族工业，在解放后也得到国家的关照和鼎力支持。1963 年，时任国务院副总理的李先念在北京主持召开专题会议，决定扶持振兴老品牌民族企业“南洋”的发展，并责成国家有关部门在优质烟叶的供应上给予鼎力支持；“南洋”也得到所在地上海市政府的高度重视和厚爱。1980 年，上海市政

1928 年，位于丹徒路东大名路的南洋兄弟烟草公司

当年的工厂大门正逢工人下班

府在香港注册设立了全资窗口公司“上海实业有限公司”，“南洋”即成为“上实”旗下的成员企业。从“上实”接掌“南洋”起，“南洋”走上坚持突出主业、不断拓展海外市场的发展新路，并逐步实现生产与管理的现代化。

值得一提的是，《义勇军进行曲》的作曲者聂耳，当年居住在公平路 185 弄（旧名同春里），也和毗邻的南洋兄弟烟草公司结下了不解之缘。2019 年，陆林森老师在中华艺术宫做“人民艺术家聂耳”讲座，其中就提到刚到沪上谋生的聂耳，经常从居家到烟草公司采购卷烟，从水路或铁路辗转运至家乡昆明烟草公司。有的听众不解，云南本是产烟区，为何舍近求远。陆老师答疑解惑：因为上海卷烟味道好。这个答案引来观众席上一片会心的笑声。

新高阳大楼外景之一

笔者也算个资深烟民。三年前和亲家赴澳大利亚自由行，因为烟瘾难忍，抽闲去超市购烟，买的就是南洋的“双喜牌”。本人在烟油圈中自诩“本科毕业”，但一上口，就觉得是“重口味”，而亲家说“过瘾”，按他的说法我最多“大专”水平，那他一定是“研究生”毕业，毕竟是每天吸两包烟的量。

南洋兄弟烟草公司这幢情调和腔调兼而有之的大楼，如今静静地矗立在东大名路。作为优秀历史建筑，时不时吸引来往行人深情的一瞥，也有人在此拍照留念。我知道，这家在海内外享有盛誉的百年企业，亲历了清末动荡、民国混战、抗日战争、解放战争，乃至新中国的社会主义建设，其故事完整地记录了一家民族工业企业的曲折发展历程。

漫步下海庙

杨泰清

下海庙大雄宝殿

俯瞰下海庙

始建于清乾隆年间，位于昆明路上的下海庙，距今已有260多年。世事无常，几度废兴。

1937年“八一三”淞沪战争，被日军战火所毁，1941年又募资重建。20世纪60年代被挪作他用，1991年1月，落实党的宗教政策，下海庙收回修复后正式对外开放，宗教活动逐步恢复正常。

下海庙原是渔民为祈福出海平安而兴建的民间小庙。当年周边渔民出海捕捞，均经下海浦（现在的海门路）下海。其家人眷属提着竹篮装上香烛供品，

从左到右：今日下海庙山门，天王殿，钟楼与回廊，下海庙大雄宝殿与西偏殿，下海庙钟鼓楼木雕，下海庙静观苑

过小桥来庙里祈求平安。久而久之民间约定俗成，称该小桥为“提篮桥”，而此小庙也由原来的“义王庙”改称为“下海庙”。它逐步成为融观音、妈祖、海龙王为一体。颇具海洋文化特色的庙宇。

如今的下海庙，经过四期的改扩建工程，中轴对称，规模齐整。以明清建筑风格，建造了天王殿、大雄宝殿、钟楼、鼓楼、东厢房、西厢房、慈缘楼、藏经楼等；庙宇雄伟，飞檐斗拱、古朴典雅。

下海庙的山门，其古朴的翘角门楼，是下海庙历史的见证；重建的真观、正行两个仪门，完善了佛教建筑文化“三门并列”的格局，使寺院的总体建筑风格更加完美。

进入山门，抬头便是天王殿。殿中央供奉着大肚弥勒佛像，大肚能容天下事，

笑口迎接十方客；背面的护法韦陀菩萨及两边分立的四大天王，以其无穷威力守护着庙宇，护教安僧。

天王殿的两侧分别是钟楼和鼓楼，这是二幢三层仿古建筑。东边钟楼的一层供奉着地藏王菩萨，三层则是一口高 2.4 米、直径 1.6 米的铜钟悬挂在此，每年的除夕夜洪亮而浑厚的迎新钟声敲响，送旧迎新，祈福吉祥；西边鼓楼的一层供奉着观世音菩萨，三层则放置着一口直径 1.6 米的大鼓，每当庙内有重大活动喜庆之事，则击鼓庆贺。

走出天王殿，庄严雄伟的大雄宝殿展现眼前。殿堂中央供奉着佛祖释迦牟尼佛，佛陀的两位弟子阿难与伽叶侧立两旁，神采各异的十八罗汉则在东西两侧；大佛的背面是海岛观音立于鳌鱼之上，五十三参图造像形象生动，诉说着佛经的故事；大殿内还供奉着骑着狮子的文殊菩萨和骑着大象的普贤菩萨，代

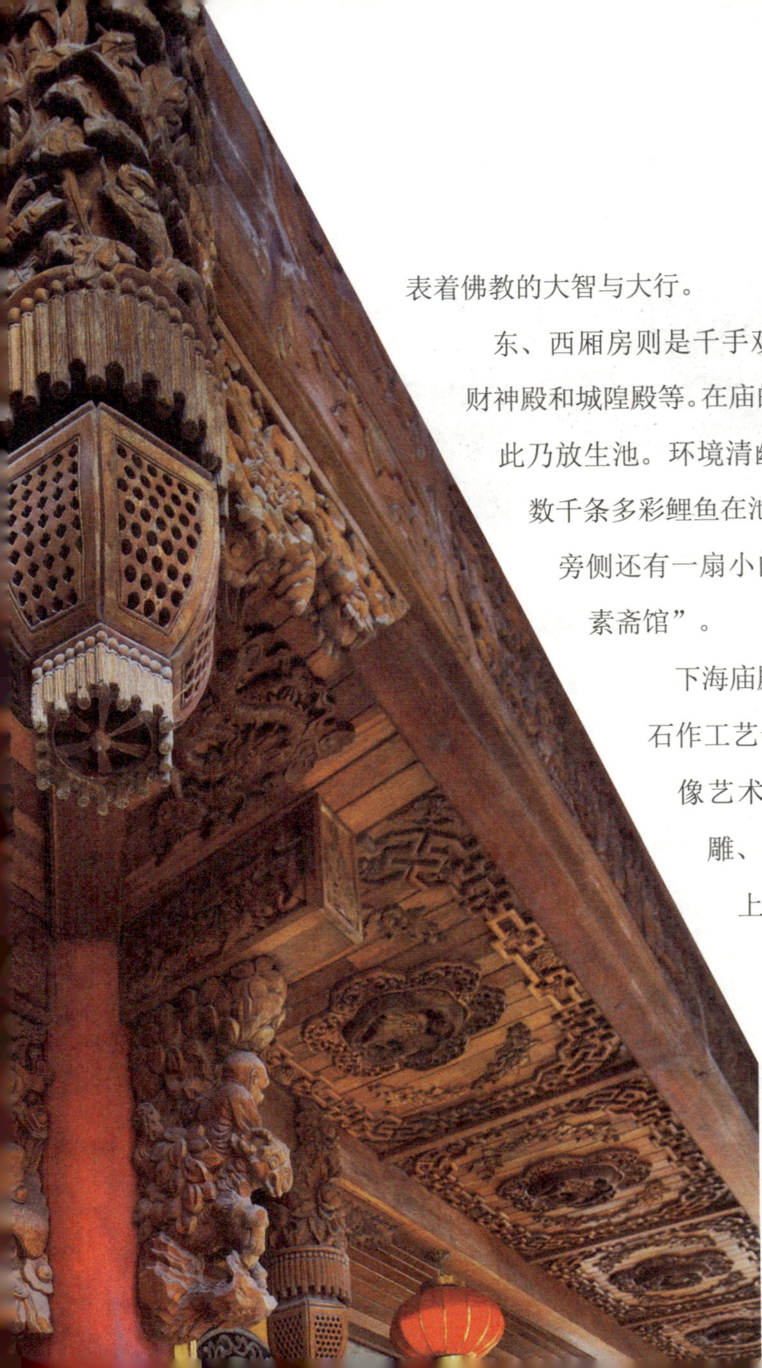

表着佛教的大智与大行。

东、西厢房则是千手观音殿、药师殿、妈祖殿、财神殿和城隍殿等。在庙的东侧回廊旁，有“静观苑”，此乃放生池。环境清幽，水榭曲桥、花木葱茏、数千条多彩鲤鱼在池中悠哉游弋。沿着回廊走，旁侧还有一扇小门，步出小门便是“云来集素斋馆”。

下海庙殿堂的装饰，集木雕、砖雕、石作工艺于一体，充分展示了佛像造像艺术以及精湛的中国传统的木雕、砖雕、石作工艺。山门屋檐上三对鱼龙栩栩如生，天王殿上金色的游龙气势非凡，大雄宝殿飞椽上童子、小鹿、小象鳞次栉比，而慈缘楼法堂上方墙上的11幅“地藏菩萨应化事迹”砖雕，可谓庙内砖雕之最……37 幅砖雕、木雕、石作是一幅幅生动的画面，以无声的方式传播着佛教故事和佛学思想。

庙内壁间张挂的 57 幅（方）楹联、抱对、匾额，更是让人驻足思忖。走近山门西侧，便见一副对联：“上海下海下海佑上海，大山小山小山垒大山。”其中寓意可见：上联有上海必有下海，上海有个下海庙护佑着上海；下联的“山”是“善”的谐音，劝人为善，不以善小而不为，大的善举均来自小的善行。这些楹联、抱对不只是艺术品，更是提高来者文化素养，陶冶情操，净化心灵的启迪。

下海庙地处今天的北外滩之域，是不可或缺的文化亮点；是有历史、有文化、有内涵、有影响的宗教场所。佛教文化博大精深、源远流长，充满着辩证思维和方法。它不仅是一种社会意识形态，还是一种特殊的文化现象。智慧深邃的哲学思辨，影响着民族文化精神；深刻完备的伦理道德，强化了人们言行规范；异彩纷呈的雕刻艺术，装点了千姿百态的文化殿堂；庄严肃穆的宗教圣地，积淀为旅游文化的重要资源。瑞典“哥德堡号”仿古帆船全球航行返航之际、中国南极科考船“雪龙号”启航前，都来此举行祈福活动。

下海庙默默地发挥着佛教文化在滋养人们心灵，营造世间平安吉祥、倡导人们友善互助，促进文明和谐等方面的独特作用。

远洋宾馆和怡珀璇宫

李榕樟

很多年前，我隔三岔五地去长阳路138弄走亲戚，那个地方原是海员医院，后来改造成海员宿舍，对面就是提篮桥监狱。因亲戚是海员医院医生，所以搬住到这条里弄的5号。

我乘27路电车到提篮桥，然后从霍山路穿过去，商业中心的提篮桥远比如今热闹，有大名百货大楼和大名饭店，我在提篮花店里买过好几次花，送给亲戚。

后来因单位在杨树浦底，所以上下班途经提篮桥，在这个交通枢纽下车，冲锋陷阵转乘208路公交大站车，也每月在东大名路的新华书店排队买《青年一代》杂志，并看着远洋宾馆建造起来。由此，那一带给我留下了深刻记忆。

本来很多年，提篮桥的“虹口高度”是

旋转餐厅和特色菜肴

十多层的大名饭店，31 层的远洋宾馆在 1988 年 11 月 19 日建成开张后，一直显得鹤立鸡群。我有几次夜幕下乘坐航道测量船，从黄浦江中经过这一段美丽的弯道，那时候，东方明珠还未建，浦西江边也没啥高楼，远远地就瞧见标志性建筑远洋宾馆，外观造型有点像打开并立起来的书，又如同一个痴情的守望者，顶部的旋转餐厅灯火通明，就像灯塔上的灯标，指引着航船。这个扁圆盘，熠熠发光，也像一架神秘莫测的 UFO，从遥远的外空飞来，稳稳地停在那里。

前不久，我有幸与那时候远洋宾馆的行政经理黄家玮一起来到 106 米高的旋转餐厅，环顾四周，心旷神怡。他告诉我，旋转餐厅名“怡珀璇宫”，是宾馆首批经营团队香港中旅集团经营者给起的，取自粤语“28 楼旋转宫殿”的谐音，意在讨口彩，期望发财焉，其实餐厅是 31 层。餐厅一般一小时转一圈，差不多是一顿饭的光景，旋转速度可以调节。1992年之后，浦东开发开放高歌猛进，餐厅景观越来越好，而浦西一侧的远洋宾馆前还未建其他高楼，所以因为位置视角，这里的观光效果比后来建造的新锦江宾馆旋转餐厅还要好，国内外政要和嘉宾纷纷光顾，如美国前国务卿基辛格、国防部长黑格等。在此就餐并俯瞰浦江两岸景色，被称为是当时最时尚的享受，可观赏到泱泱浦江和生气勃勃的陆家嘴金融区现代建筑群、仪态万方的外滩万国建筑群以及美丽的杨浦大桥，怡珀璇宫实至名归，有了“北外滩360°精彩”的美誉。

老黄说，旋转餐厅还曾以内圈墙上的中国神话故事壁画轰动一时，从补天的女娲开始，一直到魏晋的飞天和唐代的浴女，画家大胆展现了国色天香女神们的裸体形象。后来这幅艺术品在社会上引起争议，画家又用画笔为她们在身上披上一层薄纱来遮挡。2007年宾馆重新改建装修时，曾想把壁画揭下来保存，但因为质地是丝绸的，已经酥脆，只好作罢。这段历史，我也有所耳闻，“女神之父”是一位非常有名的画家，许多人都希望怡珀璇宫的昔日名画有朝一日能得以回归。

远洋宾馆冥冥之中与上海建设国际航运中心的目标相契合，1985年立项建设，把原在此地的远洋海员生活基地等十几楼建筑拆平重建，纳入不同功能。5楼到13楼，作为东虹大酒店，接待船员；底下几层和14楼以上为远洋宾馆，接待外宾。因为近旁就是二战时期舟山路上海犹太难民集中居住地和犹太教堂，所以一个时期德国和世界各地来的犹太外宾入住较多。后来浦东开发开放起步，浦东其时没啥宾馆，而远洋宾馆附近有公平路渡口和秦皇岛路渡口，其后杨浦大桥又建成通车，所以在浦东投资创业的外国人在远洋宾馆居住较多；金桥地区的日资企业不少，而虹口又有不少日侨，所以，日本人也在远洋宾馆扎堆，甚至包下了几个楼层。宾馆内的 KTV 总是应接不暇，宾馆搞了一批三菱轿车，不戴顶灯，看上去像私家车，接送日本住店客人去浦东上下班，很受欢迎，宾馆经营效益较好。1994 年宾馆被评为“全国 100 佳”、1995 年被评为“全国 50 佳”宾馆、1996 年经升级被评为四星级宾馆。浦东开放取得成果，涉外高星级酒店也星罗棋布起来，加上日元汇率变动等因素，远洋宾馆经营一度陷入窘境，好在 2007 年几家联手投资 3.6 亿，按五星级宾馆标准对其进行改建，并收回大名百货公司的商业用房使用权，船员基地被迁往别处。2010 年 5 月 1 日重新开张，赶上了上海世博会接待高峰，接着加强与“携程”等平台的合作，线上线下经营强强联手，经营效益逐年提升，2019 年，远洋宾馆经济效益创历史新高。

我在白玉兰广场

纪珺

白玉兰广场位于虹口区东大名路 501 号，地处北外滩沿江优越地段。作为北外滩独树一帜的建筑，与陆家嘴摩天大楼隔江相望，与外滩万国建筑群交相辉映，成为上海中心城区当之无愧的耀眼明珠，既传承了浦江两岸的沪上风情，又展示了上海国际化大都市的摩登魅力，为浦江的画卷再度添上浓墨重彩的一笔。

（左）俯瞰白玉兰商圈
（上）白玉兰大厦领衔北外滩鳞次栉比的高楼
（下左）白玉兰广场内景
（下）2006 年 7 月北外滩的大工地

白玉兰广场的办公楼应世界东顾之大势而生，以 320 米浦西高度之雄姿，以清新典雅的白玉兰之造型，屹立于浦江之畔。它由美国 SOM 事务所与华东建筑设计研究总院联合设计，设计灵感来源于上海市花白玉兰，成为礼赞上海的

时代建筑，北外滩复兴的名片。

白玉兰广场占地面积约 5.7 万平方米，总建筑面积约 42 万平方米，320 米浦西新高度，69 层，约 14 万平方米高品质写字楼。一流的空间标准与配置，专为国际客户打造的高效商务平台，依托北外滩的崛起，释放城市新力量，成为虹口备受瞩目的地标性建筑，重塑虹口北外滩滨江天际线。

在白玉兰办公楼的 20 楼，设有北外滩街道白玉兰党群服务站，这里也是我曾经工作的地方，20 楼整个楼面层共 2000 平方米，是全市第一个由外资业主方（印尼金光集团和上海金港北外滩置业股份有限公司）零租金长期提供整层场地的党群服务站；也是全市第一个将社区政务专线接入甲级写字楼、引入社区事务受理服务功能的楼宇党群服务站。

白玉兰党群服务站分为组织生活馆、白玉兰讲坛、白领舞台区、拓展活动区、国风畅谈室、休闲交流吧等 10 个功能区，积极践行“五新”党建理念（深化楼宇党建新引擎、助推青年成才新学堂、共享汇智创新新空间、打造服务企业新环境、搭建凝心聚力新纽带），为白玉兰广场和周边楼宇的广大白领青年提供党务、政务、社务、医务和法务“五位一体”的综合服务，成为楼宇白领的精神家园和心灵港湾。

在满足白领青年精神家园的同时，白玉兰广场的商业部分也是配套齐全，拥有约 11.2 万平方米的购物中心、上海首家享誉全球的时尚奢华 W 酒店、CGV 影城、微缩世界展厅和恐龙人俱乐部等。这些缤纷多彩的多元化业态，让工作、生活在北外滩的白领和居民开启全新的生活休闲模式。随着白玉兰广场辐射影响力的不断扩大，也有越来越多的年轻人喜欢到白玉兰广场打卡玩乐。白玉兰广场总能推出各种新奇、潮流的活动，吸引年轻人的脚步。2019 年底，白玉兰广场上的冰雪节让我印象深刻，开幕式当天，有众多冰雪爱好者集聚一堂，他们享受了一场特殊的冰雪盛典，而游客们体验了一场视觉盛宴后，还能和亲朋好友到冰场上体验这新颖独特的滑冰项目。

在白玉兰广场这个综合商业体中，基本能满足你对吃喝玩乐的所有需求，而最独特的我觉得还是它独一无二的优越位置。在北外滩的核心地段，拥有无敌滨江美景。但看东方明珠和“浦东三件套”近在咫尺；登高望远，还能看到浦江第一湾。都说，外滩代表着上海的历史和过去，陆家嘴代表着上海的现在，而我们脚下的这片北外滩热土，则是未来可期的美好魔都！站在这样一个历史交会的厚实节点上，发自内心的自豪和震撼会油然而生！而当你换个角度看北外滩，你会发现，夜晚的白玉兰广场格外地醒目，整栋楼的巨幅电子屏，经常性滚动播放各类公益宣传标语，让整个北外滩也因它而更加星光璀璨，它见证了北外滩的繁华，也为打造新时代都市发展新标杆贡献着自己的力量！

高耸的白玉兰大厦与浦江对岸的『三件套』遥相呼应

小贴士：立体多元交通，联动城市脉搏

小贴士

1. 与轨道交通12号线国际客运中心站相连。

2. 轨道交通1、2、4、8、9、10、13等7条线路均可换乘。

3. 紧邻大连路、新建路、外滩、公平路（规划中）等四条隧道。

4. 经由外滩隧道，可便捷链接延安路高架，畅达全城东西两端。

5. 毗邻北横通道，畅达虹桥交通枢纽。

6. 地铁12号线2号口、3号口连通上海白玉兰广场商场，可快速导入大量客流。

老码头上新奇的“一滴水”

王坚忍

北外滩的上海港国际客运中心

上海东区，虹口黄浦江北岸一带，襟江带海。2008年，原高阳路码头上，北外滩上海国际客运中心建成，它的标志性建筑“一滴水”甫一面世，新颖独特的造型，流光溢彩的幕墙，使人眼睛一亮。很快，人们就将“一滴水”作为国际客运中心的代称了。

“一滴水”前身为高阳路码

1997 年时的上海国际客运码头

头，解放后由顺泰码头、公和祥码头合并后，改称高阳路码头。

1845 年，英商东印度公司在虹口首建了两座驳船码头，它们就是公和祥码头和顺泰码头，合称虹口码头。1864 年，又将其改建为轮船码头，开启了外商轮船码头建造的先河。两年后，成为英商“蓝烟囱”轮船公司的大轮船“鸭加门”号，首航上海的专泊码头。追根溯源，“一滴水”便是建立在虹口最老的码头上的。其间相隔了 170 多年。

今年夏季的一个清晨，我坐地铁 12 号线在东长治路国际航运中心站下车，从高 5 层的宛如一朵绽放的花儿的白玉兰广场出来，向左拐弯，眼前一亮，看

上海港国际客运中心候船大厅

到了旅顺路上直插云天的圆柱形高楼以及与它相连的4层楼的长方形裙楼，就是这一竖一横呈L形状的别致建筑，构成了W外滩酒店，便是从国际航运中心游轮上下船的中外游客的下榻首选酒店。

穿过旅顺路，来到东大名路500号，从“一滴水”的正门进去，看到了宽敞明亮的候船室。接着，我从上港邮轮城超市的自动扶梯先上后下，出来，终于看到了企望好久的“一滴水”了。4层楼，高28米。

怎样形容“一滴水”呢？它仿佛一朵硕大无朋的蘑菇，但这个蘑菇沿着直径，被切走了一半，故我们看到的正面，为平的蘑菇和蘑菇梗的剖面，兜到后面，是半圆形的蘑菇和蘑菇梗。3层高的蘑菇梗顶着蘑菇，蘑菇的边沿用白色的长柱子支撑着。到了傍晚，幕墙内的湛蓝色的灯光一齐蓦然点亮，此时的“一滴水”真的变成了一滴正在下滴的水珠，涟漪荡漾。这一滴水也太庞大了，这是一滴数千吨容量的水啊，但与浩渺无涯的大海相比，它也就是沧海一粟，但一滴水可以映出大海的千寻波澜，美得令人惊艳，光照北外滩。“一滴水”北面，一群白衫飘飘的晨练者正在悠扬的曲子声中打太极拳，一招一式张弛有度。

走上“一滴水”朝南的半圆形的3个楼层，所有的房间都看得见江景，对江天幕下的东方明珠塔、金茂大厦、上海国金中心，仿佛被拉近距离似的，紧贴在眼前，似乎伸出手可摸。“一滴水”周遭被绿化簇拥，但见翠竹青青、樟树蓊郁、冬青碧绿、黄杨潇潇。最醒目的是一丛丛浅黄色的芦苇在风中摇曳，可以回溯好多年前，北外滩一片滩涂时，秋天洁白的芦花在岸边的无数渔舟篷顶上漫天飞舞的风景。

“一滴水”的东面，上有木质阶梯的天桥，可供远眺；下有700米健身跑道，可直通邮轮码头。我沿着健身跑道走到江边，因为没有邮轮停靠，码头的铁栅栏门关闭着，从栅栏朝里望，长长的码头干干净净，只靠着一艘大型的白色引船，好像有点落单的样子，江面上小游艇穿梭往来。这个邮轮码头长850米，可同时停靠3艘大型豪华邮轮。

但向东走 200 米，停靠着船身锃亮的银白色的 “新鉴真”号，这是一艘往返中国上海与日本大阪、神户的邮轮。船的名字很有意思，使人想起唐朝扬州的高僧鉴真和尚六次东渡日本未成，第七次终于成功，给日本带去唐朝灿烂的文化，成为中日交流史上的一段佳话。

后面有不断超越我的跑步的年轻男女，穿着蓝色的背心短裤，尤其几个姑娘，小麦色的健康肤色，“马尾辫”在脑后一甩一甩的，空气中洋溢着青春的气息。

如果说北外滩西头的地标为上海外滩 W 酒店，那么地铁 12 号线提篮桥站，东长治路与东大名路之间的双子塔摩天大楼为东头的地标，这双子塔一左一右面朝北外滩，高 263 米，与西头的 W 酒店迢迢相望，标志着在北外滩，不仅有第一摩天大楼白玉兰，又拥有了上海最高的双塔摩天大楼，一起为北外滩的滨江地段增光添色。

返回的时候，我从“一滴水”的东北面出去，看到一艘绛红色的单桅帆船模型。船身上漆着八个字“上海上港，势不可挡”。这八个字说出了我们心中的愿望。是的，北外滩的千船百轮，从“一滴水”启航，一定会水击三千里，纵横四海。

上海海员医院等候启航

童孟侯

上海海员医院不算大，级别也不高，但它却是当年上海不多的“涉外”医院。上海港来来往往这么多外轮，到港下地这么多国际海员，他们既有小毛小病，也有重症急症，于是，都被送到这家颇具特色的专业的海员医院去。这里设有专业的国际海员门诊部和

海员医院外景

从白玉兰大厦拍摄的海员医院

邮政图案上的海员医院

国际海员住院部，4000 多个外国海员曾经在这里住过院，得到特别的照顾和治疗，100 多个国家和地区的国际海员在这里看过病。

很多年前，我陪上海国际海员俱乐部的主任到上海海员医院看望英国船长菲尔丁，他腰的周围痒得难受，痛得难忍。海员医院的皮肤科主任为菲尔丁船长配了足够的药，说：你患了带状疱疹，这个病就怕耽误，如果当天发现当天就诊，两三天就能治好了。不过你发病才三天，还不算太晚。

菲尔丁说：感谢大夫。请问，这家医院是我们英国亨利·雷士德先生设计建造的吧？我们英国好像还有他的基金会。

我诧异：不会吧？上海海员医院几十年了，没听说是外国人建造的。会不会是菲尔丁和我们套近乎？

送走菲尔丁船长，我立刻查阅资料。果然，这海员医院正是英国建筑师亨利·雷士德出资建造的。那是 1867 年，雷士德跨洋过海到达上海，从此，他深深爱上这个“滩”；从此，再也没有离开过上海。1926 年，亨利·雷士德先生病重，临终时他嘱咐说：我的钱是在中国赚的，我要把绝大部分财产留给中国人，他的遗体安放在上海静安公墓（现在的静安公园）。至今，正如菲尔丁船长所说，亨利·雷士德基金会还设在英国。

亨利·雷士德是一个房产商，也是一个慈善家，他在上海捐资建造了不少项目，上海海员医院的前身，是雷士德工业职业学校和雷士德工学院。用无人机俯瞰雷士德工学院，能看到一个大写的 Y，中间为入口，一道直通底部，两边岔开，很有动感。整个建筑为哥特式风格，Art Deco 风装饰蕴含其中，古典对称的设计凸出简约大气，既摩登时尚又不太激进，尤其是外立面几何的挺拔竖向的线条，对称，干净利落，体块渐成，给人以强烈的视觉感受和独特的韵律感、尊贵感。1934 年，这所土木工程类私立大学正式开学，学子众多，名师云集。可惜只开了 10 年。1944 年，雷士德工学院被日本海军占领，学校停办，老师失业，学生被驱赶。一直到抗战结束之后，这里才被改为吴淞商船专科学校，这所赫赫有名的“商专”，培养了不少中国自己的出色航海家和水运管理专家。

1955 年 1 月 22 日，中国航运业的龙头老大上海海运局决定：把原来的“吴淞商专”所在地的雷士德工学院，改为上海海员医院。新成立的上海海员医院职工总数达到 122 人，病床有 100 张。到了 1973 年，海员医院已经有了 14 个科室：内科、外科、儿科、妇科、眼科等一应俱全。

上海海员医院所在的北外滩，2012 年就拟订了一个发展规划，欢迎广大市民尤其是虹口居民来为北外滩献计献策，要知道这里拥有丰富的文化资源，深厚的历史积淀，怎样搞好新一轮的北外滩航运和金融服务业集聚建设，使其有新的崛起？

到了 2020 年，北外滩的新规划轮廓清晰了，这个航运服务的集聚区将被建设成企业总部基地、航运要素集聚中心、国际邮轮客运中心和口岸服务中心，重点要大力吸引船公司尤其是世界大型班轮公司，船代、货代企业，邮轮公司，海事法律商务会展机构入驻，加快航运市场建设，让这里真正成为上海五个中心建设中的航运中心！

就在北外滩发展规划不断完善之时，上海海员医院根据国家政策和企业实际歇业。

上海海员医院是上海市优秀历史建筑，它的地理位置好，建筑赏心悦目……今后，这个矗立在北外滩的建筑会派什么用？开设博物馆？变成艺术展览馆？恢复工学院？开设一家顶级的医院……

有人说：这个地方今后很可能再一次“涉外”。期待政府配合周围白玉兰广场开发，重新定位焕发其新的青春。

榆林路 59 号城堡式老洋房

榆林路 红砖城堡的记忆

惜珍

建筑内部的木结构雕花楼梯展现古朴之美

这几幢保护建筑所在的榆林路夹在临潼路和大连路之间，短短的一段小马路，不通公交车，低调而安静地坐落在虹口一隅。这几幢古堡般的老洋房就这么藏在这条朴素的充满人间烟火味的小路上，宠辱不惊地矗立了一百多年，没有人打扰。我曾经在其中的59号住过一段时间。那是我妈妈的家，我懵懂的少女时代，青涩的青春岁月在这幢房子里留下了深深浅浅的痕迹。59号门前一扇沉重的铁门锁住了春光。直到搬走，我都不知道我是住在一幢保护建筑里。

当年，我从浙江路桥畔搬到这里时，明显感觉到了环境的偏远冷寂，在原先的居处，我抬脚十几分钟就可以走到大马路（南京东路）上，家里的窗口看得见永安公司的塔楼。从榆林路到大马路，8路有轨电车需要叮叮当当地开上半个多小时，后来有了37路，也要哐当哐当地开上起码半个小时穿过外滩。

记得第一眼看见它，我的感觉像是电影里看到过的古城堡。通体红墙有着哥特式城堡韵味的楼房虽然只有三层，但看上去格外高耸，透着神秘。进门是个长方形的庭院，左侧种着夹竹桃，开着红红白白的花朵，中间一条长长的水泥甬道一直通到有十几级台阶的楼前。从高高的台阶进入是幽暗的门厅，门厅的地板踩上去嘎吱嘎吱地响，门厅左侧是两户居室，宽大的棕色木门紧闭。另一侧是围墙，开着几扇穹形长窗，窗台上摆着些盆栽。窗户外是一个窄窄的通道，展臂长点的人能撑住左右两边的墙，推开通道尽头那扇门，穿过一个昏暗的厨房，就是后面的天井。因为小弄堂狭窄，所以厅内光线依旧暗淡。门厅尽头有木楼梯，楼梯栏杆由错落的宝瓶组成，造型精致，弯曲着通到楼上。从楼梯再往前走几步又是一个小小的楼梯，说是楼梯，不如说是台阶，不过五六级，因为没有窗户，黑咕隆咚的，白天通过也要打手电筒。楼梯旁有个小卫生间，楼梯下是一个公用厨房。厨房后面有个曲尺形的天井，之前，天井后面有二上二下

两幢并列的城堡式建筑

窗楣上、檐口下有白色琐石，窗柱上也有白色小装饰，基础部位局部做仿石处理

的两层青砖墙小楼，应该是那幢房子的辅楼，2000年时，被拆除了。从楼梯上去，二楼和三楼各自分布着十来间房间，室内层高比一般的房子要高得多，朝南有穹形窗，一角还有壁炉。站在窗前，可以看到前院的夹竹桃花开得艳艳的。

其实，当时我对老房子和建筑之美并没有多少感觉，只是觉得这里没有里弄房子的嘈杂，居住的人也少，比较安静。每逢夏夜，我就拿一本书到院子里，坐在树荫下的藤椅上看，享受凉风习习。这时，妈妈会把切好的西瓜放在我旁边的小茶几上，然后静静地坐在旁边，她喜欢看我读书的样子。现在，当我重新审视这幢建筑时，感觉到了以前不曾留意的许多细节。

这其实是一组并排而立的独立花园住宅群，共4幢，分别是43号、47号、59号和63号，全部面朝榆林路。我住过的59号是处于中间的一幢。这些建

榆林路欧洲城堡式清水红砖建筑

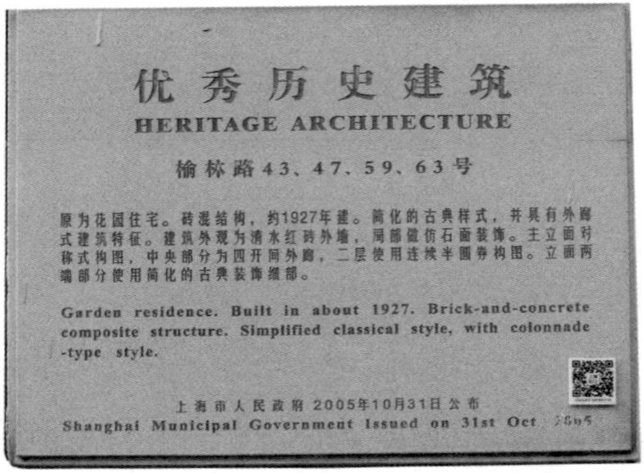

榆林路优秀历史建筑铭牌

筑具有英国安妮女王时期建筑风格。住宅的底楼居室为一排长窗，二层有五个连续穹形窗，上有券心石。一二层窗户中间有红砖壁柱廊分割，顶层退为平台，前面有水泥栏杆围护，门上面的三层仍为带券心石的穹形窗，窗户两侧有精致雕花。屋顶为双坡屋面，两侧出檐较浅，无支托，屋顶有棚式老虎窗和壁炉烟囱，外立面局部仿石面装饰，据说墙上的雕花是以色列国徽。4 幢大楼中，59 号、63 号曾经作为新华印刷厂使用，另外两幢作为新华印染厂的员工宿舍，43 号和 47 号一二层建有连廊。59 号和 63 号是独立的单幢。我记得那时，隔壁的邻居阿姨，经常会说她到隔壁新华印刷厂去串门。

现在，虽然门口已挂上了铭牌，但老房子的历史渊源并未在历史保护建筑的挂牌中介绍，只说是花园建筑，简化的古典样式，建于 1927 年。不过我看到过一张摄有其中一幢房子的老照片，在红砖大楼顶上飘着沙俄时代的三色旗，据说曾是俄国正教学校所在。俄国正教学校又称俄侨第一公学，被认为是近代上海第一所俄侨正规学校。沙俄政府是 1917 年推翻的，那么这幢房子的建造年代可能要推至 1917 年以前，而不是铭牌上说的 1927 年了。

不管怎么说，老房子那无须粉刷也粉刷不了的清水红砖墙展现出的是写满历史印痕的沧桑。如果从 1917 年算起，它应该有 100 多岁了。砖墙的火红色已不再艳丽，墙面上的红砖已经斑驳陆离，墙角处长满了苔藓，深绿浅绿嫩绿间杂，反倒显出与房子年代不相符的活泼泼的生机，花园里的绿树和红墙相互映衬，原本是红红绿绿的俗艳，岁月沉淀后反倒显出一种凝重和安宁。我不知道这幢老房子在当年是不是住着因战争而颠沛流离、落魄至此的犹太贵族，没有人能告诉我。问遍周围，他们只说这是犹太人住过的房子。不知道这里曾经住过谁，房子是谁设计建造的，查遍了所能找到的资料也没有任何结果。但作为二战时期犹太人的聚居地，这个房子是犹太人建造并居住的应该是一个靠谱的设想。因为二战时期的上海是全世界唯一不用签证或任何官方文件就能入境的地方，为此有将近 3 万犹太难民在上海栖身，他们大多聚居在这一带，直到二战结束。这里很多上了年头的老房子，多少都曾经与战争、苦难、挣扎、惶恐、离别等字眼有关。在这样的历史背景下，榆林路的这些红砖房子里居住过的人应当也有过类似的酸楚经历，历史的伤痕和生活的艰辛藏在这些红砖间，穹形里，台阶上，暗沉沉的楼道间。进入里面，会有一种压抑感，那是一种凝重的气息，仿佛提醒进入者，这里过去的岁月沧桑。

马登仓库的今昔

蔡小鸥

上海开埠后，以港兴市，在浦江沿岸设立了港口，面向世界发展商贸。20世纪20至30年代初，上海港口已达最繁荣期，年货物吞吐量高达1400万吨，船舶进口吨位居世界第7位，成为东亚的航运中心之一，外商也因此大规模兴建改造了多个码头、堆栈、仓库。坐落在虹口区杨树浦路155号的马登仓库，便是众多仓库中的一个。

马登仓库，为英商茂泰洋行仓库，高22.4米的6层楼建筑，占地面积3242平方米，总建筑面积16212平方米。1930年以简洁、实用主义的工业建筑风格问世。其为近代上海优秀仓库建筑，也是上海目前保留较为完整的西式工业建筑。主营大型机械、五金等进出口航运及仓存。由香港知名企业——会德丰有限公司的创始人乔治·马登投建并命名。

乔治·马登（George Marden），英籍犹太人。1920年举家来到上海讨生计，如同其他初到上海的犹太人那样，马登去拜访了上海犹太大商人哈同先生。年轻的马登高大魁梧，胡须上翘英气逼人，眼神坚定透着霸气，吸引着花甲之年的哈同，向他发出了工作邀请。而马登看着白发银须的哈同坐在虎皮上，威严得像老国王，丝毫也找不到过去的流浪汉痕迹。一瞬间，马登深受鼓舞，他打消了替哈同打工的初衷，决定另谋出路。他去了历史更悠久的英国洋行Tug&Lighter，从事进出口贸易工作。1925年洋行老板回英，马登便以优

虹口区文物保护单位马登仓库

惠价收购了公司，创立乔治·马登有限公司(G.E.Marden&Company LTD)。1932年与上海拖船及驳船有限公司经营者加拿大人汤玛士·魏尔洛克合作，成立会德丰有限公司(WheeLock Marden &CO.LTD)。

上海解放后，由政府接管。附近居民L先生说，1964年他还在上学时期，每周五下午去汇山码头及各仓库参加工业劳动。那时的“马登”驻有上海商业储运公司、上海畜产进出口

马登仓库外景 马登仓库绚丽多彩的外墙

公司、上海港修建工程公司等企事业单位，储运物品有牙膏、香皂等日用百货，缝纫机、五金配件等多个品种。前几年屋顶还做了马登外文商牌，现在拆了。

20 世纪 90 年代，公平路等几个相邻的码头相继停运，大大降低了仓库作用，马登仓库改为其他用途，由中信银行、上海商业储运有限公司市中物流分公司等租用经营。

2020 年 8 月的一天下午，气温高达 36 摄氏度，但高不过我探访马登仓库的热度。“马登”夹在两处居民区中：西面晋阳里，住房与马登仓库一墙之隔的 W 先生，是土生土长的晋阳人，现年已 70 岁。他说，之前只晓得这里是个仓库，“马登”也是近年来才听说。我问他，小时候可去仓库里面捉过蟋蟀？他说，

如今的“百空间”内景

哪能啊？门卫都是服役军人，严守把关着呢。看到这栋3层楼的建筑了吗？上面2层曾为香烟仓库，要防火禁烟的。有一次我不小心将烟头掉进了围墙里，保安立马找上门来发出严厉警告；东面临潼苑，物业部Z先生说，2004年来此工作时，马登仓库大门敞开，基本呈空虚状，最多也只是堆放一些码头运来的散货，2006年改建成马登国际航运商务中心。

2013年，马登仓库成为虹口区文物保护单位。“马登”现为创意园，高高挂着的“百空间”牌子，老远就能看到。经过侧门、庭院入楼。一楼的大堂宽敞明亮，划分出几个不同的公共区域：右侧是阅读休闲区，书架、茶具沙发一应俱全；玻璃方砖墙后是咖吧区、长桌会议区等。接待处李先生说，为配合北外滩建设发展，2019年2月，上海百联资产控股有限公司出资，对仓库旧址进行了文物修缮，建筑外部做了原样保留，内部的创作工作室、公共的展示区域却做了时尚装修。去年底开始招商，主要引进各类金融、航运企业，集聚国内外创意、设计类企业。

2020 年，由虹口区人民政府指定为“5G 创新孵化基地”。昔日的“马登”早已换颜，成为国内外港口文化的展示、航运人才的培训等航运企业的聚集地和孵化地，它正以崭新的姿态开创未来。

小贴士：

会德丰财团的业务以房地产、航运等业务为主，涉及保险、建筑工程等其他领域。1970 年前，会德丰与怡和、太古、和记被称为香港四大洋行，1985 年初由船王包玉刚收购。

『双子塔』鼎立浦江西岸

张渊

生成于菲律宾海域的台风刚从上海离开，翌日一早，我就乘上地铁 12 号线，几站后从“提篮桥站”1 号口出站。

站在东长治路、海门路交会处，顶着八月的烈日，我以手搭棚，观望马路对面两座高高耸峙的新楼——号称北外滩新地标之一的双子塔“星港国际中心”。

台风过后的申城迅速恢复到万里晴空。蓝天白云的映衬下，眼前的这两幢高楼显得巍峨气派。这份气派，再加上拓宽了的东大名路、新造的地铁站，还有周围簇拥着的栋栋高楼广厦，乍看之下，我还以为自己是刚从沪宁、沪杭线上的某座高铁站出站，来到了一个全新的富庶小城。然而，再稍稍看上几眼，就见一旁的海门路一如往昔未曾拓宽，路上的几家餐饮小店依然飘着些许烟火气息，尤其是双子塔东塔脚下的一片老屋，黛瓦粉墙，整旧如旧，这些又将我的思绪倏地拉回到了上海，拉回到了虹口。路口立柱上的一块赭色指示牌煞是醒目，画着的白色箭头在向人们提醒八九十多年前发生在这儿的一段往事——“犹太难民纪念馆”！ 这箭头，这标志，让我终于记了起来：这里并非某个异地小城，而是儿时常来常往的提篮桥地区！

一别多年，刮目相看。站在地铁口，我开着手机地图，逡巡四顾：左面看是纪念馆、摩西会堂、难民居住区，右面望去则是“双子星”的巍峨耸峙。以此为圆点，沿四边多走些路，还有著名的下海庙、公平路码头，乃至老上海都晓得的提篮桥监狱。左是旧址，右是新高；左是过去，右是现代。处在十字路口，我该先往哪边走？纠结时刻，杂乱的脑袋里，别的没有想到，却忽然感同身受

地体会到了当年规划者在面对这一区域时的踌躇和为难。

上海的开埠历史不长，能留存下百多年的旧址遗物已是弥足珍贵，而虹口在近代上海社会发展中的地位举足轻重，例如犹太难民在提篮桥避难、生活过的楼房建筑等，有着相当的历史价值。这些文物如何在城市大发展大建设的洪流中被珍惜，被保留下来？保留下来后，又如何与新的建筑群体融为一体，不突，不和……这些不仅是规划设计者面对的课题，还应该是更高层面的“规划者”需要正视的命题。而从我在地铁站里走出后眼前一亮所目睹到的一幕来看，提篮桥片区的先辈“古董”们与以“双子塔”们为代表的新建筑、新时尚们的“混搭”有序，相得益彰，“同框”在我的手机屏里显得高低错落、起伏有致。不用我担心，高明的规划者们显然成功地走出了初时的踌躇和为难。

不去多想规划者们的事了，我只考虑眼下自己的踟蹰犯难——应该先往哪边走，哪边看？与一般游客不同，在逛各地的历史博物馆的时候，我通常是先从现代、当代的陈列看去，沿着岁月之脉，一点点地“倒溯”到昔日的古老中去。也说不上有什么特别的用意，我只是觉得先看到发达、文明的现在，再回过头去看离现代越来越远的过去，越来越落后的古时，甚至蒙昧蛮荒时代，会产生一种更加珍惜现在，感恩当下的心念。同样地，今天当我站在提篮桥地铁口，面对大太阳下的这一片似陌生还亲切的故地，面对新老建筑的和谐融会，感觉中也是准备开步去观览一座博物馆，只不过这座博物馆是露天的，敞开的，而且还硕大无朋。既然也是看博物馆，那我还是按照惯例，先从现代的看起，先去观赏这巍然耸峙的“双子塔”吧。

眼前两栋263米高的塔楼是星港国际中心的主体核心部分，总建筑还包括商业裙房及六层地下室，面积共约45万平方米，历时五年施工才全部竣工。两栋塔楼在设计上从上到下逐渐收紧，远观之，其外形犹如一个“中国鼎”。凯德集团计划将它打造成全球第十、上海第三的超大规模来福士项目，集办公和商业功能于一体。

“鼎”，这种千年前代表着社稷强盛的国之重器，如今就傲然立在了海派文化的发祥地虹口，立在了近代上海开埠航运起锚的北外滩，我相信这并非巧合和偶然，而是冥冥中的启示与必然。据介绍，以这个“鼎”为主体结构的星港国际中心，的确也不负众望，连创几个“最”字纪录：虹口区单体体量最大TOD交通枢纽中心和最大的城市公共屋顶花园、上海市最高的超高层双塔项目和开挖深度最深的地下空间。

虽然时尚和现代，虽然个头、体量上远超周边的老建筑们，但新生的这“鼎”、这“双塔”，在文化脉络上还是传承着提篮桥基因，以至在与前辈级的建筑们站在一起时显得亲切和谐，毫不见外地共同分享江边清风、疏朗星空。一起分享这风这星空的，还有浦江对岸的陆家嘴。“中国鼎”鼎立北外滩，“双子塔”遥遥相揖“三件套”。在两岸无数幢摩天大厦的夹峙注视下，古老而年轻的黄浦江潺湲而过。浪奔浪涌间，似乎在与这些高个子合作一出大戏，这戏，没有导演和剧本，但一定很精彩，很炫目。

小贴士

小贴士：

“双子塔”星港国际中心（凯德来福士广场）体量庞大，占地广阔，坐拥东长治路、海门路、东大名路、公平路所围成的正方形地块。目前正在招商中，全面开张后将成为虹口滨江新亮点。

交通：目前从地铁 12 号线“提篮桥”站 1 号口出站上来即至。规划中的 19 号线也在建设中，待开通启用后，游客可乘地铁出站直达商场内部，更为方便。

「瑞丰」是颗星

陆林森　傅纪荣

瑞丰国际大厦外景

北外滩，有许多新起的摩天高楼，坐落在杨树浦路 248 号的瑞丰国际大厦是其中一座。我认知“瑞丰”，始于两年前。经一位文友介绍，参加北外滩新经济组织的基层党支部活动，从此与“瑞丰”结下不解之缘。

“瑞丰国际”，拔地而起，宽敞、明亮，气宇轩昂，这是我第一次走进这座大厦的直觉。哪想到，一位在这里上班的白领对我说，咳，这还只是你对“瑞丰”的第一面感觉，倘若去高层看看，说不定会有另外一种新的感受。于是，上楼，站在“瑞丰国际”高层，倚栏，凭窗，俯瞰，但见，江阔潮平，两岸绿色点点，想起刚才和那位白领的对话，不由得击节，赞叹起浦江的壮阔和秀丽之美。

瑞丰国际大厦大堂内景

我从小在虹口长大，但是对“瑞丰国际”知之不多，我的一位高中同学家住杨树浦路，与“瑞丰国际”“门对门”。他从小在这里居住，几十年来没有挪过窝，称得上是杨树浦路上的一位守望者，目睹了“瑞丰国际”破土而出，慢慢长高，长成今天的高度。我知道，北外滩每一座高楼，都是有故事的。“瑞丰国际”也不例外。我想知道“瑞丰国际”的前世今生，我的这位同学，以前和我同窗共读，没想到，如今他竟成了接受我采访的一位有故事的人。

“瑞丰国际”所在的地块，原来是一座码头和一片港务装卸作业区，近旁还有一家羽兽毛厂。过了秦皇岛路，再往东，那就是虹口与坊间俗称的大杨浦的分界线大连路了。以前，这里的环境杂乱，没有高楼，江水浑浊，不见一点绿色。有的路面，坑坑洼洼，互不关联，成了“断头路”。全长45公里的滨江建设铺开后，北外滩高楼次第而起，如今大树成荫，芳草吐绿，江滨伟岸，“断头路”早就变成了通衢大道。北外滩变成铺锦叠秀的虹口沿江地标了。漫步虹口滨江，看树，看草，看倒映在碧波中的蓝天白云，那是一种美的视觉享受。

左起：1. 社区党群活动室 2. 北外滩社区党群中心在瑞丰大厦开展的“国际志愿人员服务日”活动 3. 入驻瑞丰国际大厦的提篮桥社区党群服务中心 4. 北外滩社区党群服务中心一角

想起昔日北外滩的模样，不由得感慨，历史可真是一支神来之笔啊，磨平了岁月的沧桑，再造了北外滩。

“瑞丰国际”是北外滩乃至上海具有国际办公水准的标志性建筑之一。标高99.6米，其中地上28层，比起当年的远东第一高楼国际饭店，高出了20多米。“瑞丰”进驻有数十家公司企业，白领云集，是一座名副其实的写字楼。然而，由钢筋混凝土堆砌而成的高楼，毕竟是少有温度的，当前，北外滩街道就想到要为“瑞丰”输入文化基因了。前些年，街道开始着力打造文化工程，众筹了一批几欲“昏睡”的图书，在大楼内建成“楼宇洄游书屋”。此举，为白领驿站建设增添了文化内涵。白领解决了精神文化需求，有了“获得感”，我在和一位社区干部的访谈中，也增加了认知上的“获得感”。这位社区干部告诉我，缺位补位，街道推出公共文化建设等项目，“楼宇洄游书屋”是其中一项，为公共文化供给多元化起到了示范作用，而作为楼宇公共文化供给的一种模式，白领书屋、下午茶点，提升和扩大了楼宇文化的空间。

一座高楼的高度，并不仅在于画在设计图上的建筑标高，更在于这座高楼的精神高度。尤其是，街道社区党建服务中心入驻“瑞丰国际”后，这座大楼就出落得更其挺拔，也更其精神了。正是在这样的背景下，我走进了“瑞丰国际”，对它的高度有了新的认知。巧的是，我的这位同学退休后，加盟社区志愿者队伍，也常常跨过杨树浦路，走进“瑞丰”，街道社区党建服务中心就在大楼底层。想不到，以前的同学，不仅成了我采访的对象，竟然又一次成为我新“同学”了。我们虽然不在同一支部，但一样的学理论，学党建，参加党支部组织的活动。这位同学是摄影爱好者，摄影技艺堪比专业水平，地区专门辟出场地，为他创建摄影工作室。由此，他出入“瑞丰国际”更加频繁了。

夜幕降临的时候，我去虹口滨江散步。夜空中，银月如一钩，群星璀璨，滨江两岸，星光点点，江面上，出现了鳞次栉比的高楼倒影，随波摇曳，显得分外壮观，我不由得为之心动。江面上的“瑞丰国际”，也是一颗星。星光闪烁，闪烁在夜幕中，让人感受到的，不只是北外滩一座高楼的高度，更有这座高楼的亮度。

提篮桥监狱的变迁

徐家俊

提篮桥监狱坐落于长阳路 147 号，始建于 1901 年，启用于 1903 年。初建时主要有两幢 4 层楼的监楼。1916 年起，陆续向北面和东面扩建，直到 1935 年时基本定型，拥有 10 幢 4 至 6 层监楼，近 4000 间囚室，还有工场、医院、炊场等建筑，共有建筑面积 7 万多平方米，四周有 5 米多高的围墙。提篮桥监狱是外国殖民主义者侵犯中国的产物，由于建筑精良，规模宏大，押犯众多，号称“远东第一监狱”。监狱的现代化程度较高，锁具精良，由英国伦敦专业公司制造，并一直使用至今。

提篮桥监狱十字大楼内景（1946 年）

提篮桥监狱十字大楼外景

提篮桥监狱自启用以来，到 1949 年 5 月间，先后经上海公共租界工部局、日本人、汪伪政府和国民政府的管理。1903 至 1943 年 7 月间，上层管理者均为英国人，看守主要是印度人，1930 年前后陆续招收中国籍看守。抗战胜利后，监狱先后关押过数百名日本战犯，有侵华日军第 23 军司令官、日本驻香港总督田中久一中将，南京大屠杀主犯谷寿夫中将等。1946 年初，盟军美国军事法庭曾在狱内设立军事法庭，审判过 48 名日本战犯及 23 名德国纳粹战犯。1946 年 2 月至 1948 年 9 月，先后有 20 名日本战犯在狱中被处以死刑，其中镝木正隆少将等 6 人被执行绞刑，芝原平三郎等 14 人被执行枪决，系抗战胜利后在中国境内最早审判日本战犯的场所，并立碑存史；梁鸿志、傅式悦、苏成德、常玉清等多名汉奸也被枪决于监狱刑场。1948 年至 1949 年 2 月，上海高等法

日戰犯「杭州之獅」
黑澤次男昨晨伏法

十八名日戰犯
昨由美軍首次提訊
韋斯中校宣讀被告罪狀
審訊問答灌音廣播全球

日本战犯“杭州之狮”毙命于提篮桥监狱(《申报》1947年8月13日)
提篮桥监狱处决日本战犯（《民国日报》·1946年4月23日)
上海市民争看日本战犯被押赴刑场

院刑事审判庭（特刑庭）设在狱中。

在中共上海警察局工作委员会（简称警委）领导下，1944年监狱看守人员中建立了中共地下党支部。上海解放前三天，党支部夺取枪支控制监狱。1949年5月28日，上海市军管会派员接管监狱，旧监狱末任典狱长交出印章。次日起，欢送狱中在押的50名政治犯（均为革命人士）分两批出狱。6月1日，监狱收押犯人，成为新上海的刑罚执行机关，1949年9月21日，正式挂牌成立“上海市人民法院监狱”。1951年5月，监狱由法院划归上海市公安局领导，同年8月改名为上海市监狱；1983年7月划归司法系统领导，1995年6月改名为“上海市提篮桥监狱”。提篮桥监狱系上海地区使用时间最长、押犯最多、影响最大的一所监狱。

提篮桥监狱岗亭

上海解放以来，许多党、政、军领导及各界人士前来提篮桥监狱视察参观。1954年10月起，提篮桥监狱向外国来宾开放参观，是新中国首批对外开放的四座监狱之一。先后接待过亚欧非、南北美、大洋洲等80多个国家的代表团600多批6000多人次。

1999年12月，在狱中建起有2800平方米展区的“上海监狱陈列馆”，是可接待团体预约参观的全国省（区市）中第一个监狱博物馆（陈列馆）。

70多年来，提篮桥监狱坚持贯彻“惩罚和改造相结合，教育和劳动相结合”的原则，对犯人进行形势、政策、前途教育。对犯人实行文明管理，邀请专家学者、劳动模范、先进人物、被害人和犯人家属来监狱做报告；组织犯人外出参观，加强考核管理，及时兑现政策。组织犯人学习文化，开展初中、高中、大专的

提篮桥监狱建筑

文化考试，考试合格者由教育系统发给文凭。编印《劳改报》供犯人投稿阅读，在犯人中开展诗歌创作、书画工艺美术活动；组织犯人成立文艺演出队（新岸艺术团），用健康、丰富的文化活动陶冶其情操，全国不少影视单位来监狱拍摄故事片及电视连续剧。

地处北外滩热土的提篮桥监狱，不仅具有重要的司法功能，而且具有深厚的历史积淀和文物价值。1992 年 8 月，经虹口区人民政府批准，监狱里的“王孝和烈士就义处”，被列为上海市虹口区革命纪念地；1994 年 2 月，经上海市人民政府批准，监狱建筑群被列为第二批“上海市近代优秀历史建筑保护单位”；

提篮桥监狱八、七、六、五监区（自左向右）外景

1997年8月，经上海市人民政府批准，“日本战犯关押、审判、执行处”被列为“上海市抗日纪念地点”；2013年3月，经国务院批准，提篮桥监狱早期建筑被列为“第七批全国重点文物保护单位”；2014年，经中共中央、国务院批准，“上海监狱陈列馆”被列为“全国首批抗战设施、遗址”。目前在一个占地面积仅60.4亩的土地上，同时拥有区、市、国家级五处历史文化标志，在上海及国内是鲜见的。

上海海运(集团)公司

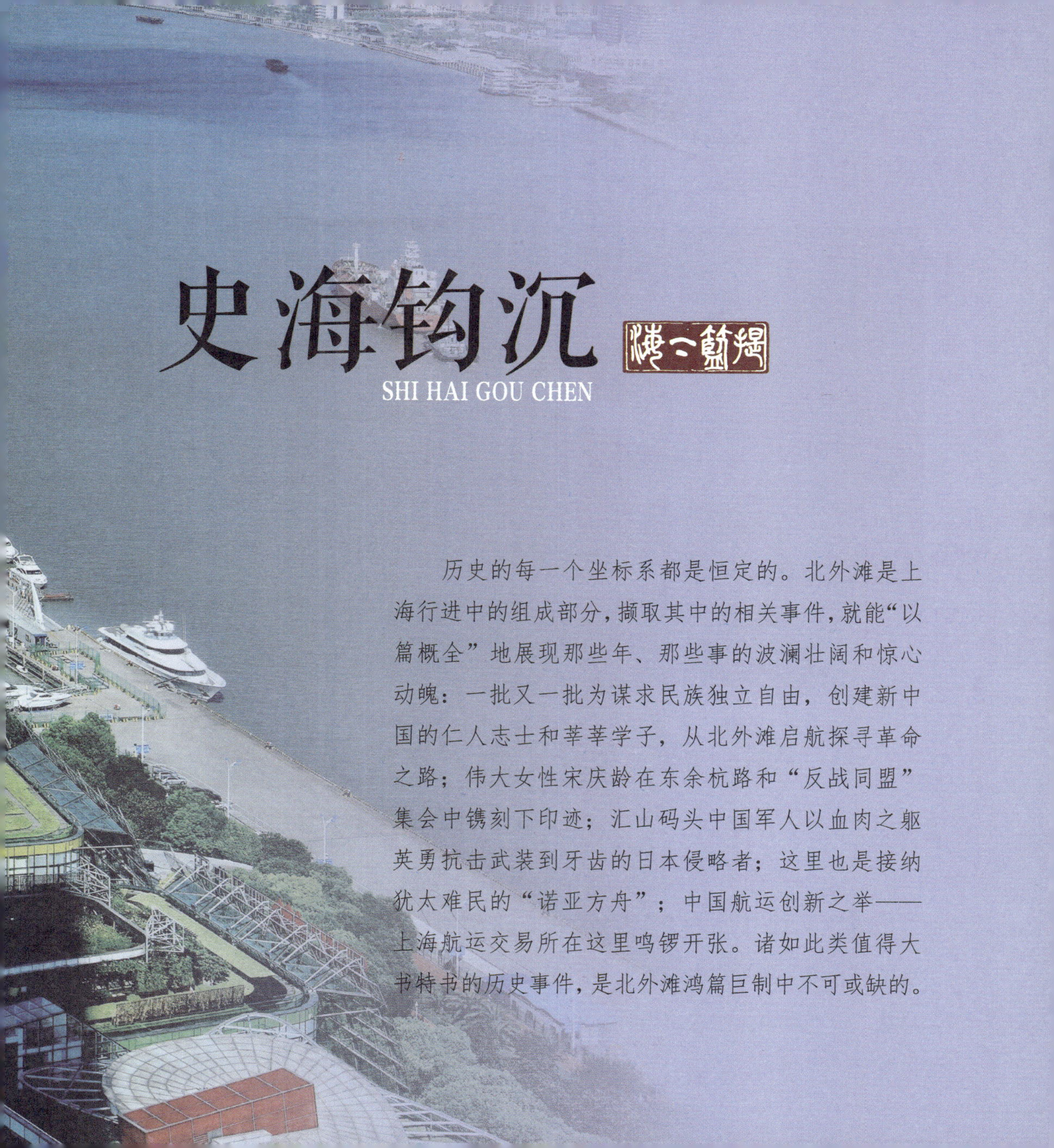

史海钩沉

SHI HAI GOU CHEN

历史的每一个坐标系都是恒定的。北外滩是上海行进中的组成部分，撷取其中的相关事件，就能“以篇概全”地展现那些年、那些事的波澜壮阔和惊心动魄：一批又一批为谋求民族独立自由，创建新中国的仁人志士和莘莘学子，从北外滩启航探寻革命之路；伟大女性宋庆龄在东余杭路和“反战同盟”集会中镌刻下印迹；汇山码头中国军人以血肉之躯英勇抗击武装到牙齿的日本侵略者；这里也是接纳犹太难民的“诺亚方舟”；中国航运创新之举——上海航运交易所在这里鸣锣开张。诸如此类值得大书特书的历史事件，是北外滩鸿篇巨制中不可或缺的。

上海犹太难民名单墙

倾情续写历史篇章

——我任上海犹太难民纪念馆馆长的十余年

陈俭

2007 年 11 月 26 日上午 9 点，长阳路 62 号，大门悄悄地打开。上海犹太难民纪念馆（当时称为“犹太难民在上海纪念馆”）诞生并对外开放了，没有鲜花，没有掌声。纪念馆当时仅由一座刚修缮完成的摩西会堂旧址和它西南面

犹太难民生活的情景再现

犹太难民纪念馆内景

一栋一百多平方米的小展厅组成。这座极为低调、鲜为人知的纪念馆，当时造访的仅仅是一些当年的犹太难民、他们的后裔、相关领域的专家学者以及国外来寻访历史的犹太人。

改革开放后，来上海的外国人越来越多。在虹口提篮桥地区，也出现了越来越多的外国人。他们常常在这一带寻觅着什么，也通常会到长阳路 62 号——这栋已经非常破旧的小楼。后来人们才知道，原来在 20 世纪三四十年代，曾经

2019年4月，二战犹太难民后裔迈克尔·黑普纳（中）、迈克尔女儿的加比（右）向上海犹太难民纪念馆捐赠一批二战期间家族重要信笺及日用品。左为本文作者、犹太难民纪念馆馆长陈俭

2019年11月，上海犹太难民纪念馆向甘尼斯夫妇授予“中犹文化交流使者”称号

本文作者（前）向参观者介绍犹太难民纪念馆的相关内容

有两万多欧洲犹太人为躲避纳粹迫害，逃亡到上海避难。他们大多居住在提篮桥一带。长阳路62号是当时他们举行宗教文化活动的摩西会堂。1994年，来自世界各地的六十多位犹太人，其中包括当时在这里生活的犹太难民及其后裔以及相关领域的专家学者在此举行了“犹太人重聚上海”活动。滂沱大雨之下，眼含热泪的犹太人在霍山公园竖起了犹太难民居住区说明牌。当时在摩西会堂旧址内办公的虹口区民防所，在楼内三楼放置了犹太难民

在上海生活时期的照片，在一楼恢复了约柜，供世界各地的犹太人前来参观缅怀。

2007 年，虹口区政府决定以摩西会堂旧址为基础建立上海犹太难民纪念馆。

纪念馆当时的展陈内容是一部介绍犹太人避难上海的历史背景的电影短片，一幅约四平方米刻有时任以色列总理 1993 年到访摩西会堂旧址时的题词，一尊小型圆雕，一幅油画，一张复制的旧报纸和近百张图片。整个展览没有一件反映当时历史事件的史料原件。

2009 年 5 月，前犹太难民露丝·卡尔曼女士从美国来到纪念馆，她带来了当时从欧洲逃亡上海时使用的旧护照以及在上海生活时使用的一把檀香扇。急于寻求史料的我向她提出了捐赠之请，露丝说："你知道吗，世界上有很多犹太纪念馆早就向我们来征集这些史料了，能捐的早就捐了，留在身边的是我们生命的一部分，活着是不会给你的。"这句话一下子浇灭了我热切的期盼，也使我意识到史料征集将是一个艰难的历程，但是没有史料谁能来为这段历史背书呢？我们必须与时间赛跑，找到这些即将消失的历史人物和他们手中的史料。

当时上海犹太难民纪念馆作为区外办的下属事业单位，除区外办的同事时常会去纪念馆处理一些日常事务外，那里没有一位专职工作人员。接待和讲解工作主要由来自高校的志愿者承担。我就告诉我的同事和志愿者，除了会讲解，更重要的是发现和倾听，要从来访者中发现这段历史的亲历者和他们的后代，倾听他们的故事，向他们征集实物和口述史料。

2010 年，纪念馆终于从居住在德国汉堡的前犹太难民约瑟夫那里征集到了纪念馆的第一件实物史料——一辆 60 年前的玩具独轮车。这给纪念馆的工作人员带来欣喜和信心。2011 年，来自澳大利亚的弗雷德·安特曼和他的妻子艾娃来沪旅行时，给纪念馆带来了他们在沪避难时的大量资料，有报纸、音乐会节目单、广告等。纪念馆为这些史料特制了一个展柜，放置在展厅中。

在区外办同事和志愿者的共同努力下，一件件史料从世界各地汇聚到了纪念馆。2014 年 5 月，来自美国的贾尼思女士带来了露丝·卡尔曼一生使用过的 5 本护照，其中包括 2009 年拒绝纪念馆捐赠之请的那本。贾尼思告诉我说：“很遗憾露丝已经去世，在她弥留之际，嘱咐我要专程来上海把这 5 本护照交到你的手上，她是要告诉你们，上海一直在她心中。”到目前为止，纪念馆已征集到了约一千件组史料。其中英国科特威克老人捐赠了珍藏一生的图书达 8100 册。

2011 年，纪念馆应邀赴德国汉堡举行巡展，作为上海汉堡建立友好城市 25 周年的活动之一。开幕式那天，汉堡历史博物馆大厅座无虚席，四周也站满了观众。这使我们意识到，世界上有很多犹太人都希望了解这段历史。自此，纪念馆已在德国、以色列、美国和澳大利亚等国举办巡展。2014 年 6 月，纪念

犹太难民使用过的物件

露思生前使用的护照

2014 年 5 月，露思·卡尔曼（Ruth Callmann）的生前好友贾尼斯（Janis Seeman）女士特地从圣弗朗西斯科飞到上海，遵照其叮嘱将露思生前使用过的 5 本护照，捐赠给犹太难民纪念馆

馆还在美国华盛顿国会山举行了巡展开幕式。六位美国国会议员和两百多位观众出席了开幕式。2015 年 8 月 26 日，为纪念世界反法西斯胜利 70 周年，上海犹太难民纪念馆新展陈和复建的白马咖啡馆开幕。150 多件实物史料在新展陈中呈现给观众。这些史料与 2014 年 9 月 3 日在上海犹太难民纪念馆竖立起来的犹太难民名单墙一起，使这段历史真切而富有质感地展现出来，使这段历史

扩建后的犹太难民纪念馆局部外景

成为可倾听、可触摸的历史。

2020年10月，上海犹太难民纪念馆完成扩建工作。纪念馆由原先900多平方米的建筑面积扩展到4000多平方米。约一千件组史料连接而成的史料链，通过现代展陈技术的包装使这里成为史料、科技和艺术的完美结合体。上海犹太难民纪念馆再次站在了新的发展起点上。得知纪念馆扩建完成，现居美国佛罗里达州的前犹太难民、今年91岁的贝蒂女士通过视频发来祝贺，她说："我每次回到纪念馆一直受到朋友们的最难忘和衷心的欢迎，我总是感到自己回到家了。衷心感谢你们为在上海的犹太难民所做的一切！"

北外滩：赴法勤工俭学海上启航地

陆雯

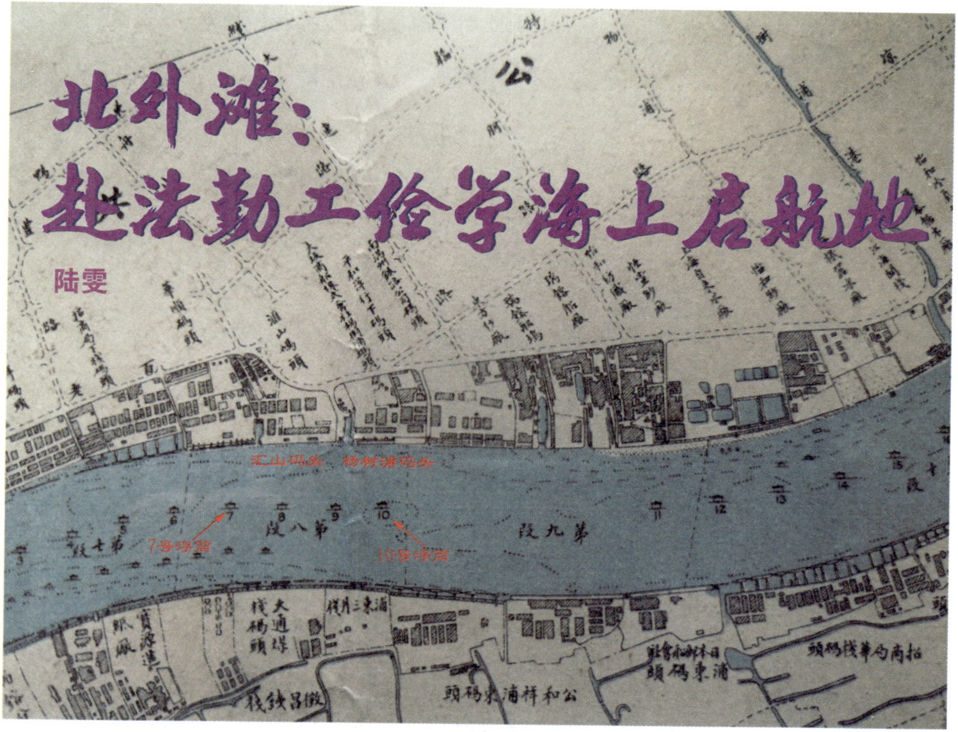

1928 年浚浦总局《上海港口图》

19 世纪中叶以来，北外滩地区得开埠之先，借滨江之利，航运业飞速发展；至 20 世纪早期，北外滩沿岸已汇集了杨树浦码头、汇山码头、华顺码头、公平路码头、高阳路码头和扬子江码头等众多码头，成为上海中西文化交流的重要门户。当年，海上赴法勤工俭学的第一声汽笛，是在北外滩码头鸣响的。

1912 年 2 月， 旅法老同盟会会员李石曾、吴稚晖、吴玉章等在北京发起创立了留法俭学会，推崇到西方留学的教育理念。1916 年，华法教育会在巴黎成立，并在中国各地建立各类留法预备学校。最初，中国学子赴法勤工俭学都是从北京乘火车由陆路赴法，“十月革命”后，俄国遭重兵封锁，陆路中断，赴法勤工俭学改由海路出发，航运发达的北外滩成了学子们的首选。1919 年至

“因幡丸”邮轮（Inaba Maru）

1920 年，中国掀起了赴法勤工俭学的热潮，20 余批青年为追求新知先后由海路奔赴法国。

同一时期，日本政府为了扩张在上海的航运势力，给予日商航运公司巨额补贴。价格低廉的船票，使日本的航运公司在竞争中占得先机，同样也吸引了经济状况并不宽裕的赴法勤工俭学学生。

1919 年 3 月 17 日，日本邮船会社的“因幡丸”（Inaba Maru）邮轮，在北外滩汇山码头鸣响汽笛，第一批共 89 名勤工俭学学生由海路赴法，标志着赴法勤工俭学运动的高潮拉开了序幕。

由于这是勤工俭学学生首次由海路赴法，当时的欢送活动格外隆重。1919 年 3 月 15 日下午 3 点，上海负责招待留学生及代办各类事项的专业机构——寰球中国学生会在静安寺路（今南京西路）51 号举办赴法留学生欢送会。据当时的《字林西报》记载，3 月 17 日上午 11 点，乘客们乘坐“因幡丸”从汇山码头出发开赴伦敦，在伦敦再转船至巴黎。在这批学生中，有新中国成立后成为中共黑龙江省委第一书记的欧阳钦，还有 20 世纪 20 年代担任中共湖南区委秘书长、为革命捐躯的林蔚。时任北大教授的徐悲鸿也搭乘这趟邮轮，受教育部委派到巴黎留学。

1919 年 3 月至 4 月期间，共有 3 批先期赴法的学生从上海出发，另两批学

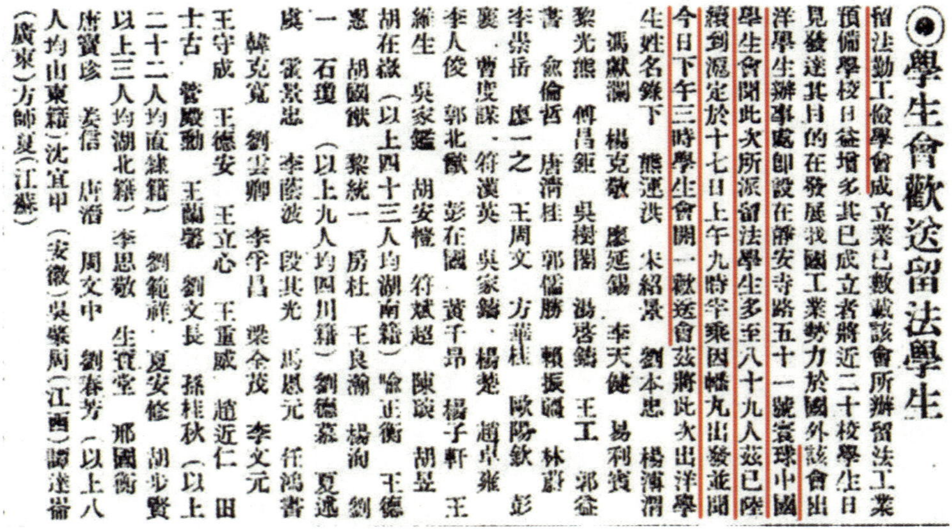

◉學生會歡送留法學生

留法勤工儉學會成立業已數載該會所辦留法工業預備學校日益增多其已成立者將近二十校學生日見發達其目的在發展我國工業勢力於國外該會出洋學生辦事處即設在靜安寺路五十一號寰球中國學生會聞此次所派留法學生多至八十九人茲已陸續到滬定於十七日上午九時半乘因幡丸出發並聞今日下午三時學生會開一歡送會茲將此次出洋學生姓名錄下

熊運洪 宋紹景 劉本忠 楊溥潤 馮獻瀾 楊克敬 廖延錫 李天健 易利賓 黎光熊 傅昌鉅 吳樹閣 湯啓鍇 王工 鄧益書 俞倫哲 唐濟桂 郭儒勝 賴振鵬 林蔚 彭李崇圻 盧一之 王周文 方華桂 歐陽欽 彭襄·曹度謀·符漢英 吳家鎬·楊楚 趙卓雍 王李人俊 郭北嶽 彭在國 黃子昂 楊子軒 王緯生 吳家鑑 胡安橙 符斌超 陳璇 胡昱 胡在森（以上四十三人均湖南籍）喻正衡 王德懋 胡國猷 黎統一 房杜 王良瀚 楊洵 劉一石璣（以上九人均四川籍）劉德森 夏遠虞 霍潔忠 李蔭波 段其光 馬恩元 任鴻書 韓克寬 劉雲卿 李學昌 梁余茂 李文元 王守成 王德安 王立心 王重威 趙近仁 田士古·管殿勳 王蘭馨 劉文長 孫桂秋（以上二十二人均直隸籍）劉範祥·夏安修 胡步賢（以上三人均湖北籍）李思敬 生寶堂 那國衡 唐寶珍 姜信 唐浩 周文中 劉春芳（以上八人均山東籍）沈宜甲（安徽）吳肇周（江西）譚達崙（廣東）方師夏（江蘇）

1919 年 3 月 15 日《申报》第 10 版刊登《学生会欢送留法学生》，提及学生乘坐“因幡丸”赴法

生也都是从汇山码头乘船出发的。

1919 年 3 月 31 日，第二批共 26 名赴法学生乘坐“贺茂丸”（Kamo Maru）由汇山码头起航。“贺茂丸”和“因幡丸”同属日本邮船会社旗下的邮轮，该船长期跑“横滨—上海—伦敦”的航线，在上海时基本停靠于汇山码头。据当时的《申报》《字林西报》记载，3 月 29 日午后 3 时，寰球中国学生会及法国驻沪总领事在法工部局大厅联合举办送别会，欢送第二批赴法的勤工俭学学

生。3 月 31 日上午 8 点，“贺茂丸”由汇山码头出发赴伦敦，学生们在伦敦转船至巴黎。半个月之后，即 4 月 14 日，第三批赴法勤工俭学学生同样从汇山码头出发，乘坐日本邮船公司的“伊豫丸”（Iyo Maru）赴欧。

与汇山码头毗邻的杨树浦码头，是当时赴法勤工俭学学生出洋的另一个主要码头。该码头位于今虹口区秦皇岛路西侧，属于当时的另一家日本航运公司大阪商船会社，主要用于停靠欧美、日本及南洋的航班。

1919 年 10 月 31 日，包括李富春、李维汉在内的 200 余名赴法学生乘坐“宝勒加号”（Paul Lecat）从杨树浦码头启航，到马赛留学。从当年《申报》刊登的《第五次勤工俭学生调查表》中，可以找到李富春、李维汉的信息。这两名湖南青年当时分别只有 17 岁和 22 岁，满怀求知救国的壮志。在法国，他们在蔡和森指引下接受共产主义，成为旅欧中国少年共产党的骨干，走上了职业革命家的道路。

1920 年 5 月 9 日，赵世炎、萧三等又一批赴法学子共 120 余人乘坐法国邮轮公司的“阿尔芒勃西号”（Armand Behic），从杨树浦码头起航。赵世炎在《航海中之赴法学生消息》中说道：“当日在上海杨树浦送行的人，见着轮船上那一种情形，或者有几分不满意。”萧三在《我们一路怎样到的法兰西？》中也提到当时乘坐的四等舱“乃是一层货仓改的……光线空气都不甚好，床架两层

歡送第二次赴法國留學生
此次勤工儉學會所派之赴法學生其第一批已於十七號乘因幡丸出發茲又有第二批學生定於三月三十一號乘賀茂丸放洋今日午後三時寰球中國學生會及法國駐滬總領事在法工部局大廳合開茲別會昨日已函儉學會代表彭志雲請其轉達赴法諸君奕茲將此次赴法諸君姓名籍貫畢業學校録下 孫進峯直隸蠡縣布里留法學校 喬雍如直隸高陽法文繙譯學校 周際鄴直隸安國保定留法班畢業 劉韓湖南布里留法預備學校 王爾馥湖南布里留法班 劉宗漢直隸保定留法班畢業 李仲源湖南湘潭西什庫留法班 胡盛榮湖南西什庫留法班 金連升直隸安國保定留法班畢業 吳春年直隸博野保定留法班畢業 李書田直隸高陽保定留法班畢業 聶麟靜直隸定興保定留法班畢業 成星奎直隸高陽布里留法班 林蔚親湖南醴陵湖南工業專門學校 樊調山直隸高陽保定留法班畢業 張請河直隸安國保定留法班 高同湖南常寧北京大學留法班 陳揚飈湖南長沙北京大學留法班畢業 陳安之江蘇上海天津南開中學 周元主湖南常鄉旅鄂湖南中學畢業 廖元馥湖南醴陵西什庫留法班 劉貞吉直隸高陽保定留法班畢業 趙秉哲直隸高陽保定留法班畢業 周世昌直隸蠡縣布里留法工業學校 石景俊直隸寧晉保定留法高等預備科畢業 譚順楫湖南保定留法高等科

1919 年 3 月 29 日《申报》第 10 版刊登《欢送第二次赴法国留学生》，写明学生乘坐“贺茂丸”赴法

能屈难伸罢了”，环境的艰苦可见一斑。

在赴法勤工俭学运动中，新民学会是重要的推动者之一。1918 年 4 月 14 日，毛泽东、蔡和森等人以“革新学术，砥砺品行，改良人心风俗”为宗旨，在长沙成立新民学会。从杨昌济处得知赴法勤工俭学的消息后，新民学会立刻投入这场运动中。为了筹集留学款项，蔡和森、毛泽东先后赴京奔走。新民学会的

行动促进大批湖南青年到北京，也加快了赴法勤工俭学预备学校的建立。据不完全统计，1919 年至 1920 年，新民学会会员 74 人中，赴法勤工俭学者达 19 人，赴法的湘籍青年则多达 300 余人。

作为新民学会的发起者和领导人，毛泽东同志对该运动非常重视，曾四次亲临上海为赴法学生送行。

第一次送别在 1919 年 3 月 15 日和 17 日。据《毛泽东年谱》记载，1919 年 3 月 15 日，毛泽东“在上海参加环（寰）球中国学生会召开的赴法留学生欢送会”。“十七日，送别湖南青年赴法。”如前文所述，对第一批通过海路赴法的留学生，勤工俭学会、寰球中国学生会和新民学会都非常重视，不仅举办了隆重的欢送会，更组织专人送别。据《字林西报》记载，赴法学生当日乘坐驳船登上“因幡丸”。故 3 月 17 日毛泽东应该是与学生们同乘驳船至“因幡丸”送别的。

第二次送别在 1919 年 3 月 29 日、31 日。《毛泽东年谱》记载：“二十九日，参加又一批赴法留学生欢送会。”“三十一日送别。”《字林西报》的航班信息显示，赴法学生于 3 月 30 日晚上就已乘驳船登上了“贺茂丸”。所以 3 月 31 日当天，毛泽东是乘驳船至汇山码头前的“贺茂丸”为赴法学生送行的。

第三次送别为 1919 年 12 月中旬。1919 年 12 月 25 日，赴法勤工俭学的学

留法俭学会讲演会。注：来源为上海档案馆

生乘坐法轮“盎特莱蓬”号，从上海赴法留学。这批学生中有新民学会的重要成员蔡和森、向警予、蔡畅、葛健豪等人。根据《毛泽东年谱》记载，12 月中旬毛泽东从武汉绕道上海为蔡和森等送行，但由于航班时间推迟，毛泽东随即离开上海北上北京。因此这一次送别，毛泽东并未赴码头。

第四次送别在 1920 年 5 月 8 日、5 月 9 日。1920 年 5 月 5 日，毛泽东再次来到上海，为萧三等人送行。据《毛泽东年谱》记载：“5 月 8 日和新民学会会员彭璜、李思安等，为欢送即将赴法的陈赞周等六位会员，在上海半淞园开送别会。”而对于起程当天的送别，《毛泽东年谱》中只说“道别于黄浦江岸”。萧三在《我们一路怎么样到的法兰西》中记载，当日“坐小轮来送行的，仍坐小轮回黄浦滩去，两个船相背而驰，两方的人，挥巾挥帽”。可见，当时毛泽东是从公司码头乘驳船至停泊于杨树浦码头前的“阿尔芒勃西号”，送别萧三、陈赞周等人的。此次上海之行，毛泽东为赴法勤工俭学的湖南青年筹集旅费，通过章士钊从社会各界募得两万元。解放后，毛泽东不忘当年章士钊的相助之恩，用自己的稿费将这笔借款逐年清还，一时传为美谈。

毛泽东，四次亲临上海为赴法学子送行；北外滩，见证了伟人在黄浦江畔播下火种。这些青年学子中的优秀分子在法学习新知，淬炼思想，逐步成长为坚定的马克思主义者。他们中的一些人，如蔡和森、赵世炎、王若飞、陈延年、向警予等，为了革命事业倾洒热血，倒在了新中国成立的征途中；他们中的另一些人经过革命的洗礼，成长为党和国家领导人：周恩来、邓小平、陈毅、聂荣臻、李富春、李维汉、李立三、徐特立、蔡畅、许德珩等，都是赴法勤工俭学学生中的杰出代表。可以说，这场轰轰烈烈的赴法勤工俭学运动，为中国新民主主义革命孕育了一大批优秀的领导者，为中国共产党发展壮大储备了一大批中坚力量，也为新中国的建设成就了一大批栋梁之材。

远东反战大会旧址的叙说

李红

远东反战大会旧址

1932年8月，世界反帝战争大会在荷兰首都阿姆斯特丹举行，大会成立“国际反战委员会”，宋庆龄当选为名誉主席。这年年底，该委员会决定于1933年秋召开“远东泛太平洋反对帝国主义战争大会”（即“远东反战大会”）。大会召开地点最终定为上海。

参加远东反战会议的宋庆龄

1933年2月中国民权保障同盟筹备召开远东反法西斯大会，由宋庆龄担任上海筹备委员会主席，中共江苏省委宣传部长冯雪峰负责具体工作鲁迅还与茅盾、田汉联名发表《欢迎反战大会国际代表团的宣言》，指出：中国民众只有自己努力，只有联合世界劳动者，才能够把中国从被瓜分的命运之中挽救出来。

此时英、法、日各帝国主义勾结国民政府极力阻碍反战大会的召开，他们逮捕和迫害大会代表及其支持者。在阻挠和反阻挠的相持战中，世界反战大会于1933年9月30日秘密召开。

这一天，在霍山路一幢不起眼的新建四层楼房里，有一对新人“结婚”。“新郎”叫周文，左翼作家；“新娘”叫郑育之。“新娘”的“嫁妆”是两只樟木箱，于前一天运到这里。其实，装在这两只樟木箱里的是供与会代表们充饥的面包。这是郑育之以开同学会名义分别从几家食品店购买的。当局没有想到，这场“婚礼”即世界反战大会，居然就在他们眼皮子底下秘密地召开了。

“新娘”郑育之是周文的妻子，当时负责开、关后门。代表敲门时有暗号，先松三下，再紧三下，暗号对了，郑便开门将代表迎进来。会场外面还秘密安排放哨员，毕竟有这么多人进入，即使有“婚礼”做掩护，也难免招摇，为尽量少惹人注意，不少代表提前一两天午夜即开始陆续到达，晚上则席地而睡。当时，宋庆龄的住处已被监视，中共地下党安排“地下交通员”梁文若接应宋庆龄，帮助她甩掉“尾巴”。等到她匆忙赶到会场，已经是30日凌晨了。

20年以后，宋庆龄回忆起这次会议时，还记忆犹新：“由于我们正处在严密的监视之下，我们就必须严守秘密。连我自己都不晓得举行会议的地点在哪里，直到一天早晨的黎明时候，我被带到上海工厂区的一幢阴暗凄凉的房子里。代表们只能一个一个地单独前往。甚至还有一部分人是在深夜时偷偷地到那里去的。当我到达时，每一个人，连外宾在内都坐在地板上，因为房子里唯一的家具是供秘书用的一张小桌子。”

1986年，八旬老人黄霖谈起这次会议，提到在“上海霍山路一栋楼里”。黄霖当时担任上海沪中区委书记，中共江苏省委特任命他为反战大会的警备委员长，负责大会安全保卫工作。

负责远东反战会议的具体筹备工作的冯雪峰

为了将下榻在华懋饭店的国际代表秘密送进会场，夏衍找到了明星电影公司编导洪深。洪深既是“左联”成员，又很讲“义气”、有胆量，还会英语，便于和外国代表直接交谈。之后洪深动用了一辆车门漆着明星公司商标的汽车，将马莱、古久里、马尔度等代表秘密送到国际反战会议会场。

危境下，一个世界会议庄严地在上海召开了。大会总主席为马莱，执行主席宋庆龄；主席团成员除马莱、宋庆龄，还有古久里、马尔度、波比、苏区代表、东北代表等共九人，并推选毛泽东、朱德、片山潜（日本）、罗曼•罗兰、吉德、巴比塞（法国）、德莱塞（美国）、高尔基、伏鲁希罗夫（苏联）、鲁迅等为大会名誉主席。

宋庆龄在大会上发出呼吁：我们在进行着反日反帝的民族革命战争的同时，必须为建立真正的中国人民政府而斗争。这样的政府只能工人农民自己来组织。中华苏维埃政府共和国临时中央政府给中国劳动人民指示了出路……

此番国际代表来到中国、来到上海，也目睹了中外反动势力对中国和平事业的扼杀。马尔度为此写了《声讨国民党》一文，说在参加反战代表团动身来

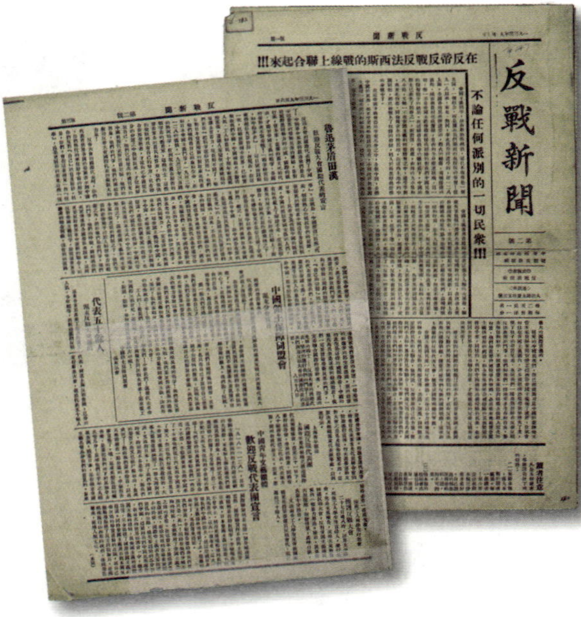
反戰新聞

在反帝反戰反法西斯的戰線上聯合起來!!!

不論任何派別的一切民衆!!!

第二號

1933 年 9 月 6 日，《反战新闻》第二号

鲁迅、茅盾、田汉：欢迎反战大会国际代表的宣言

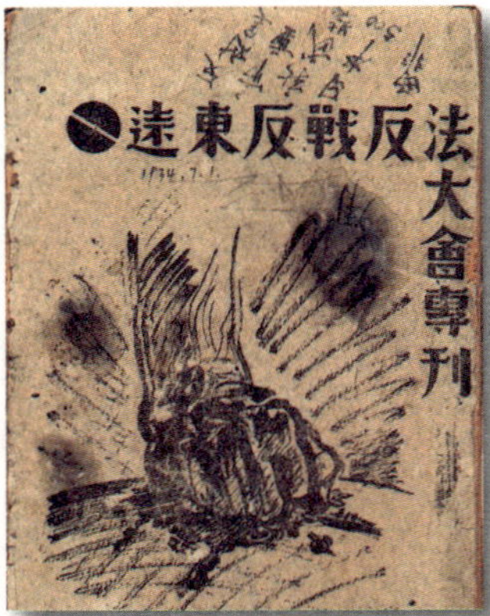

1934 年出版的《远东反战反法大会专刊》

华的时候，并不相信自己到远东的考察会遇着许多困难。但是，“自从最初我们与中国政治情形直接接触以来，这个幻想便消灭了……看大批的同情反战会议的（人）被捕就可知”。为此他坦言道，“反战代表团是中国人民的真正朋友。但国民政府却正以全力与帝国主义者合作，制止阻挠反战代表团的任务”。

马莱回国以后，就向中国驻英公使郭泰祺提出抗议，要求无条件释放因“大会”被捕的中国人。此举迫使国民党外交部不得不行文回应。

鲁迅后来在给友人的信中提到这次反战大会，“会是开成的，费了许多力，各种消息，报上都不肯登，所以在中国很少人知道。结果并不算坏，各代表回国以后都有报告，使世界上更明了中国的实情”。

这次大会使中国人民的抗战事业赢得世界爱好和平人民的广泛同情和支持。今天，我们享受和平时期的美好生活，再一次缅怀先辈们的英勇奋斗。

20 世纪 80 年代，由郑育之确认远东反战大会旧址——霍山路（江山路）85 号，郑育之的手记保存在中国共产党虹口史料馆。

激战汇山码头

李红

向汇山码头日军进攻的中国军人

北外滩的上海国际航运服务中心段（秦皇岛路—公平路）一带，建有时尚优美的游艇码头、建投网红“最美书店”……黄浦江北岸的柔风吹拂着行人，在绿化带中漫步穿行，对面的陆家嘴“三件套”尽收眼帘，别有一番意境。

这里是黄浦江黄金水道的深水区，方便停靠吃水较深的远洋船只。自19世纪末就陆续建有码头——汇山码头便是其中之一。汇山码头（Wayside Whart）位于黄浦江北岸，提篮桥南侧，始建于1872年。1903年，日本从英国麦边洋行买下汇山码头并加以扩建，东起怡和路（现秦皇岛路附近），西至公平路，北至东大名路，全长1121米。

淞沪会战中的胡家骥团长

淞沪会战中的张治中将军

1937 年 8 月 21 日，随八十八师在杨树浦方向直冲日军阵地的中国战车

参加攻围战的某旅指挥官正在研究作战计划

汇山码头也是 1937 年淞沪会战的主战场之一，这里曾经发生惨烈的激战。

1937 年 8 月 13 日，淞沪抗战的第一枪在虹口“八字桥”打响，战役初期的十来天，中国军队向盘踞在虹口的日

中国装备的英制“维克斯”坦克，在淞沪会战中损失殆尽

旧时的汇山码头

军据点发动攻围战。汇山码头的仓库中贮存着日军大量的枪炮弹药，成为日军军火的重要装卸基地。为了摧毁这一军事重地，国民政府军第3战区第9集团军总司令张治中，下令36师攻占汇山码头。

第36师是当时中国最精锐的德械师，接受德国军事顾问的训练，官兵战斗力极强。据时任第36师师长宋希濂回忆：8月13日战争爆发时，第36师尚驻扎在西安。接到命令后，火速赶赴上海参战。16日到达上海，17日即进入天宝路阵地。20日奉命进攻汇山码头，阻止日军增援部队在虹口登陆。

担任主攻的是216团，团长是胡家骥，共有官兵2000余人，其第1营攻

汇山码头旧景

击兆丰路（今高阳路），第 3 营攻击公平路，两路齐头并进，第 2 营为预备队担任策应。20 日半夜 12 点时开始攻击，日军占据路边高楼顶端对国军进行俯射。胡家骥团长身先士卒，带领第 1 营英勇的战士连续冲过唐山路、东熙华德路（今东长治路）、东百老汇路（今东大名路）的日军防御工事，与日军展开激烈巷战，逐屋争夺，直逼汇山码头。败退的日军仓皇逃向外白渡桥，向守卫英租界的英国军队投降。

但是由于没有爆破设备，冲到汇山码头的部队，被码头大门的铁栅栏阻挡。日军占据江边的工厂、仓库的顶层，居高临下地对中国军队进行射击。胡团长

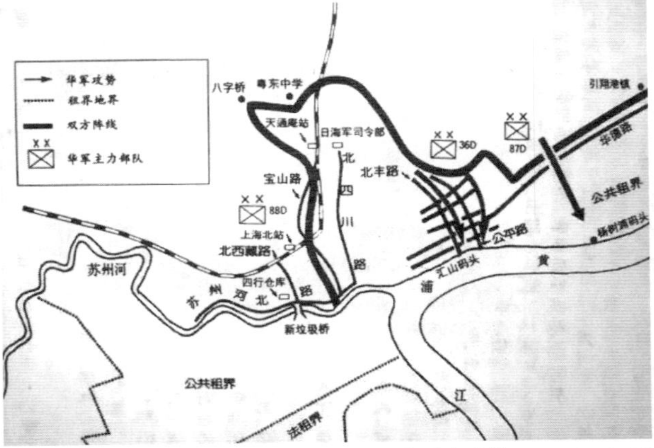

汇山码头攻势 1937.8.19-22

率先爬上铁门，士兵相继跟进，然而受到日军机枪的疯狂扫射，士兵牺牲惨重，胡团长5处负伤被送下战场。由于中国军队缺少大口径武器，无法轰开汇山码头的铁栅栏，而黄浦江面的日本军舰用大口径火炮对冲锋的国军将士进行攻击，鲜红的血液流淌在黑色的柏油马路上，残破的肢体重叠落在街道中……

8月20日，第9集团军总司令张治中还派遣坦克参战，让自己的学生担任坦克连的连长。坦克鼓舞了中国士兵的士气，两个连步兵跟在坦克后面，开始新一轮冲锋。可是没有经过步兵坦克的配合训练，队伍阵型很快陷入混乱。再者，从修理厂出来的轻型坦克薄钢板根本没有阻碍炮火的能力，甚至经不起日军集束手榴弹的爆炸。结果坦克被击毁，步兵成群地牺牲在坦克后面。“我今天想起来还觉得难过。”张治中的回忆录中写道。

23日3时，36师经过短暂休整后，以3辆坦克和3个步兵营的兵力再次向汇山码头发起攻击。中国士兵以血肉之躯吸引纵深日军重机枪火力，掩护坦克前进。212团则沿着公平路到东百老汇路后，向东攻击与汇山码头相连的日军占领的杨树浦码头。先头部队一个排越过杨树浦路攻进了码头。突然日军从东边的杨树浦路上开来6辆坦克，封锁了杨树浦路，使突击排与后续部队隔绝。后续部队虽然前仆后继，向敌坦克发动猛烈的进攻，但由于缺少反坦克炮，终于未能接应突击排。该突击排遭敌人包围用火焰喷射器攻击，全体官兵壮烈牺牲。日军在黄浦江面军舰和飞机支援下，从两面反扑，中国军队因伤亡惨重被迫退回唐山路。至此，汇山码头争夺战功败垂成。第36师伤亡570人，毙敌400余人。之所以没有攻下汇山码头，主要原因在于中国军队的落后装备无法击破日军的坚固堡垒。张治中的战时“机密状况报告”中一再出现这样的记录：“命中虽多，因无烧夷弹，终不能毁坏。”“由于火力不足，我军激战终日，终未得手。”

在“八一三”淞沪抗战中，汇山码头激战与姚子青营长死守宝山、谢晋元八百壮士死守四行仓库等战役同样惨烈，广为世人知晓。

新中国成立后，汇山码头由上海港务局接管经营，一度属于上港三区和五区。这里货船南来北往，码头工人日夜忙碌，从一个侧面见证了上海经济的腾飞。直至2000年以后，随着港口功能转移，这里成为上海国际航运服务中心所在地。

于强

我写小说《爱在上海诺亚方舟》

我的岳父曾居住在提篮桥公平坊，他曾对我讲述犹太人在上海避难经历，使我感怀尤深。

我现居住大院的对面唐山路 818 弄，曾经是犹太难民的聚集点。我常常看到一群群前来参观游览的犹太人，深情而虔诚地寻觅犹太人在这儿留下的踪迹，流连忘返，思绪绵绵，不由得发生感慨和共鸣，萌发要写一部反映犹太人在上海避难的长篇小说。

《爱在上海诺亚方舟》首发仪式

作者于强（右）向与会者赠书

1939年11月发生的“水晶之夜”，希特勒要将在欧洲的犹太人赶尽杀绝，全世界只有上海是无需护照和签证便可进入的唯一城市。而当时中国正处于日本的侵略战乱之中，上海已有80多万因战乱威胁从国内各地逃离来的难民，尽管如此，上海人民还是以博大的胸怀，接纳了一批又一批的欧洲犹太难民，使他们免于遭受纳粹的杀戮。1933年至1941年期间，有三万多犹太人来到上海避难，其中有五千多人先后从上海去他国，仍有两万五千多名犹太难民把上海当

《爱在上海诺亚方舟》

作自己的家园和避难所，一直至二战结束。上海曾是犹太人的“诺亚方舟”。

为了撰写这部小说，我阅读了几百万字的有关犹太人的书籍和资料，多次去上海犹太难民纪念馆参观，走遍了曾是犹太人居住的“隔离区”里弄考察，也采访了附近的一些居民。

最使我感动的是，1941 年 12 月太平洋战争爆发后，日军在虹口提篮桥一带建立了“隔离区”，将犹太难民赶入集中营，在大劫难中，中国人与犹太人同舟共济，相濡以沫，共渡难关，产生了深厚的友谊和超越国界的大爱。

刻骨铭心的岁月，感人肺腑的事迹，激起我心中的创作波澜，经过两年多时间的艰辛耕耘，终于完成了一部 30 万字的长篇小说《爱在上海诺亚方舟》，由上海人民出版社出版，获得 2014 年度上海市重大文艺创作项目。

小说讲述几个在欧洲逃过生死一劫的犹太难民乘坐邮轮来到上海避难，他们结为船友、知己、恋人，互相慰藉，关心帮助，直至离开上海。犹太人得到上海这座城市的无私庇佑，他们之间及与中国人之间产生了大爱，他们的命运有美好、有遗憾、有悲惨，可歌可泣，曲折感人。

在上海的犹太人欢聚一堂

正如上海犹太难民纪念馆馆长陈俭在本书的序一中写道："通读这部作品，可以全景式地了解20世纪三四十年代犹太人在上海避难的历史，小说串起了一个个波澜起伏、扣人心弦的故事，谱写了中犹人民风雨同舟的大爱的故事。这里既有犹太人与中国人之间炽热相恋的爱，也有大劫难中人们舍生忘死的爱，还有逆境中犹太同胞之间相濡以沫的爱，更有饱受战火蹂躏中的中国人民对另一个需要帮助民族的人民所给以无私的大爱。"

犹太难民在上海唯一的后裔沙拉在本书的序二中写道："动笔写上海犹太难民题材的小说，绝非易事。这毕竟是一项繁重的文化工程，做起来千头万绪，需要足够的勇气、耐心、时间和科学的态度。于强先生做到了，感谢他的创作精神带来的成果，他是中以友好的使者。”

小说出版后，在上海犹太难民纪念馆举办了首发式，时任以色列驻上海总领事馆总领事柏安伦也光临，我向他赠了书。他感慨地说：“关于犹太人在上海爱的故事，这是这本书的主要特征，它特别的原因在于，以一种传奇浪漫的方式，讲述历史，他们的生命在这里，在上海得到挽救。”他讲话的镜头曾在央视播放。

本书得到中央人民广播电台的关注，制作了同名60集广播小说剧，由著名广播文学编辑叶子担任艺术指导，著名表演艺术家徐滔和“央广”十大播音员之一黎春演播，“央广”著名播音员雅坤、苏扬播音，在中央电台中国之声《记录中国》栏目中播放，作为世界反法西斯战争胜利70周年的纪念。

上海人民美术出版社出版了同名中英文彩色连环画，由中国美协会员、著名画家尤山绘画，我撰写脚本，著名翻译家黄福海翻译，以鲜活生动的画面，再现了小说中的大爱。该连环画被评为2016年全国美术出版银奖。

我以文艺创作形式反映了犹太人在上海虹口避难那一段历史，再现了“上海方舟”的故事，记录了上海虹口深厚的历史沉淀，在世界反法西斯的战争中留下了光辉灿烂的一页。

罗伊屋顶花园铭牌

犹太难民的家园

于强

上海石库门弄堂遍地皆是，又高又阔的门坊，面朝街道，上面刻有弄堂名字、图案或者建造年份。里面的红瓦青砖房子，门楣是半圆弧形或者

上：当年的犹太人在罗伊屋顶花园聚会
中：犹太人曾经居住的霍山路的欧美式公寓建筑
下：犹太难民居住区出生的“上海宝贝”

三角形山花图案装饰，大门是黑色或者红色，有的门上还留存有铜环，古朴而大气，它是中西文化结合的产物，有深厚的历史风韵。

北外滩地域的石库门，却有着与他处石库门别样的经历，留下了不一样的记忆。它曾经是犹太难民的栖息地，发生过许多感人肺腑的大爱情节，可以用惊天地泣鬼神来形容。

1933年至1941年期间，有三万多犹太人远涉重洋来到上海避难，其中有五千多人先后从上海去他国，仍有两万五千多犹太人留在上海避难，

曾经与犹太人有过来往的虹口老居民

2006 年 7 月加拿大犹太合唱团在虹口的交流演出

一直到二战结束离开上海。

绝大多数犹太难民是栖居在北外滩（提篮桥）地域的石库门屋子里，北外滩是犹太难民的家园。

随着来沪犹太难民的增多，从河滨大楼转移到华德路（今长阳路）138 号的收容所已经容纳不下，便在汇山路（今霍山路）、爱尔考克路（今安国路）、兆丰路（今高阳路）、熙华德路（今长治路）等处也建立了收容所，收容所也是石库门房屋。后来也有许多难民住进了舟山路、塘山路（今唐山路）、保定路、东有恒路（东余杭路）一带的石库门弄堂。

据史料记载，唐山路 818 弄，又名源福里，1927 年建造，原系美商中国营业公司产业，弄内有房屋一百幢，曾经被清一色的犹太难民居住，在此避难，被称之“犹太弄”。

唐山路 599 弄的三益邨，曾经为上海人与犹太人共同居住的里弄。当时邨的大门口挂有许多广告牌，写着德文、日文、英文，热闹非凡，很有名气。周围的石库门弄堂大多数为上海人与犹太人共同居住。

大批的犹太难民来到上海，举目无亲，有的甚至一无所有，善良的上海人热情地接纳和帮助他们，帮助他们找工作，包括临时工，帮助他们解决生活中的困难，如照顾孩子、借生活用具、提供燃料等。安排犹太孩子与他们的孩子一起上学，教犹太孩子画画等。每逢过年邀请犹太人邻居同吃年夜饭，给犹太孩子压岁钱……石库门里弄充满浓浓的暖意，使犹太难民感到温馨、温暖、亲切。

1941 年，太平洋战争爆发，日本当局在提篮桥地域设立“无国籍隔离区”，使“指定地域”之外获得生计和住房的犹太人被迫舍弃，来到不足一平方英里的“隔离区”，而这儿原本就有十万多中国人、犹太难民、日本人、印度人，早已人满为患；而限制自由、失业、饥饿、恐惧、痛苦降临到许多犹太难民的头上，上海市民的日子也很难熬。

在石库门弄堂里，上海人与犹太人同舟共济，互相帮助，共同抵御日军侵略的暴行，共同渡过难关，大难中产生大爱，有的结下了深厚的情谊甚至喜结良缘。

1945 年 8 月 15 日，日本宣布无条件投降，成千上万的犹太难民和上海市民从石库门拥出，来到大街欢呼跳跃共庆胜利！

战争结束了，犹太难民收拾行囊，踏上人生新的旅程。他们在石库门居住

犹太难民纪念馆

了数年，与上海人民结下了深厚的情谊，他们恋恋不舍，与上海市民依依惜别。犹太人乔治·赖尼希曾经写道："在上海期间，我们结识的所有人几乎都到码头为我们送行，那是个依依惜别令人伤心落泪的时刻。"

成千上万的犹太难民在北外滩的石库门里度过了难忘的岁月，石库门是他们的希望之地，命运之地，有的人感慨地说"上海是我们的诺亚方舟"，"上海是我们的再生之地"。

北外滩的石库门在世界反法西斯战争和中国人民抗日战争的历史上，留下重彩浓墨的一页。

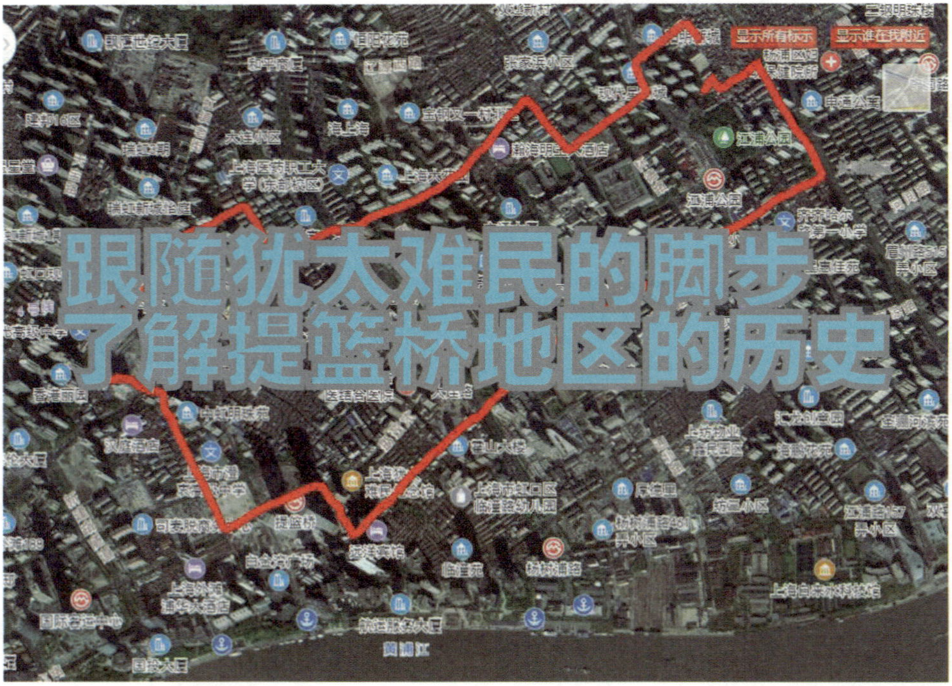

杨艨

我是生活工作在上海 10 多年的“新”上海人。2015 年夏天，亲戚的孩子来上海度假，我带他们去参观犹太难民纪念馆。正赶上疫情后纪念馆重新开馆，并为纪念世界反法西斯战争胜利 70 周年举办活动，那天是 8 月 26 日，印象非常深刻。此后，我就申请到纪念馆做志愿者。我基本每周都会来纪念馆一到二次，

2016 年 2 月 Monica White（nee Bayer）和男友 Roger 回到她儿时居住的唐山路 818 弄源福里

转眼 5 年过去了。

几个月后，第一次接待一位前犹太难民——1939 年 12 月在上海出生的 Monica White （nee Bayer）。无论是在采访中听她的讲述，还是按照她带来的出生证明上的信息带她寻找她家避难上海时在虹口的两个住址的过程，都让我认识到这个区域的历史意义非同寻常。Monica 带来的出生文件上的家庭地址是东百老汇路 1166 弄 28 号，在现在的东大名路上，限定居住区成立后，她家和许许多多其他犹太难民一起搬到了唐山路上的“源福里”。唐山路的地址比较容易找到，东大名路早就被改造过多次，完全没有了以前的样子，很多门牌号都已经没有了。我们一直找到天色黑下来， 还是没有找到她家原来居住过的那个门牌号。只好留下联系方式，等我们确认了具体位置再拍照片发给她。

俯瞰修缮一新的霍山公园

有了那次教训后，我开始留意周边街道的旧名称，几个犹太难民中心的位置，犹太墓地的位置，日本占领军当局 1943 年初设定的“无国籍难民限定居住区”的边界，等等，比较明显的标志性街道和建筑。这是个很有意思的过程，因为看似不起眼的一个路标，一栋建筑背后可能就有很多有意思的故事在等着你去发现。

我每天中午吃馄饨的那家铺子在舟山路与霍山路的交叉路口，对面就是那个面积不大的霍山公园。公园几经修缮，已经成为周边老人休闲健身的好去处。20 世纪 40 年代，避难上海的犹太人在这里举行过两次意义重大的集会，其中一次是在 1944 年 7 月 16 日，上海锡安组织在此举行集会，纪念西奥多赫茨尔博士逝世 40 周年以及比亚利克和雅布延斯基两位已故犹太名人。

后来接待的前犹太难民和家属越来越多了，每次只要他们有时间，我都会带他们到周边走走看看。如果他们还有当年的地址，我就会带他们去那里找找看看，拍照留念。2017 年的夏天，纪念馆收到一个前难民后代从以色列发来的邮件，提供了两个当年的地址，希望去实地看看。经过一番沟通和研究，我们基本还原了当年的故事：犹太难民 Josef Hoffmann 和妻子 Eldriede 从德国来到上海避难，居住在唐山路 599 弄 92 号，其间在东熙华德路 810 弄 47 号（今东长治路）开了家 Hoffmann 饭店，还雇用了几名中国员工。这次联系纪念馆的是妻子 Eldriede 家的第三代外孙女。因为这次事先做了功课，并且到两个地址实地探访过，所以客人来的那天就非常顺利。

类似的故事还有很多很多，比如前段时间媒体报道过的向纪念馆捐赠 8000 多册藏书的英国老先生 Kurt Wick，他儿时的家在虹口的地址是东有恒路（今东余杭路）金友里 147 号，如今也规划为 112 地块开始拆迁了。

随着不断地带领犹太难民及其家属对这个区域内的走访，我对犹太难民避

Kurt Wick 一家住在金友里 147 号，他的女朋友 Sonya Kaiser 一家住在 143 号，那里已经开始动迁

2017 年 9 月 Eldriede Hoffmann 的外孙女在 Hoffmann 饭店原址和老邻居合影留念

难上海这段历史的了解也在不断深入，其中也包括对“无国籍难民限定居住区”成立前后的了解。2019 年 9 月，我按照 1943 年布告的描述在百度地图上划出当年限定居住区的边界，然后从霍山公园出发做了一个“环限定居住区”跑。8.2 公里的一圈让我对限定居住区的了解更加直观和深入。

每次带犹太难民去走访这些地方，大部分居民都很愿意打开房门让犹太人到他们家里看一看。老旧低矮的建筑总是让人觉得仿佛回到了许多年前，居民们希望改善居住环境的愿望越来越迫切。城市要发展，民生要改善，历史要保护和传承，化解这个难题无疑是需要大智慧的。2019 年底参加区委书记访谈节

志愿者为前来参观的外国游客讲解当年犹太难民在上海的这段历史

目时，我了解到这也是虹口区政府工作中的重中之重。最近已经宣布了这个区域好多地块的动迁开始启动，这对当地的居民无疑是最好的消息。

犹太难民避难上海的这段历史，在人类历史和犹太历史上都是独特和重要的。虹口提篮桥地区是这段历史的集中发生地，对相关历史的保护意义非凡。随着大量旧小区的动迁，很多犹太难民当年的住宅会逐渐消失。值得庆幸的是，正在扩建的犹太难民纪念馆，通过丰富的史料，运用多种展示手段和技术，再现了当年犹太难民在虹口生活的许多场景，是对这段历史的有力保护和浓缩，它将会成为后人，甚至是犹太难民后代深入了解这段历史的主要窗口。

空间和时间的反转中，唯有记忆扯动的情感，穿越时空，久久不去。

虹口东余杭路宋氏老宅

宋庆龄诞生在东余杭路

李嘉龙

长期备受国内外关注和期待的20世纪伟大女性、国家名誉主席宋庆龄的诞生地考证，上海宋庆龄研究会在2013年底召开的第三次宋庆龄诞生地研讨会上，许多专家基本确定宋庆龄诞生地在上海虹口，认为“‘川沙说’难以成立”，“‘南市说’可能性不大”。回到了20多年前争论的起点，证据更充分地还原了历史本来面目，展现了宋氏家族正宗史实。本文列举概述：

一、宋庆龄一直讲出生上海，地域很明确

宋庆龄不是没有讲过自己的出生地，对亲近人总说我出生上海，在上海长大。要秘书填写履历表，籍贯栏都填写上海或上海市，甚至临终嘱托时还说：上海是我的出生地，一定要把我的骨灰埋葬在上海父母墓旁。现在更有第一手资料可证明。如1980年2月7日宋庆龄复信给全国妇女运动史研究室撰写的《宋庆龄简历》的修改意见，亲笔写明："我原籍海南岛，在上海出生。"80多年前的1931年，由宋庆龄和姐弟妹6人具名公布的《宋母倪太夫人讣告》，开头部分就写明，6个子女出生时，"当是时（即当时），先考旅居沪上，任监理会牧师。嗣复从事实业，佐总理孙先生擘划革命，昕夕不遑。先妣主持家政，量入为出，节衣缩食，资助革命事业"。这里明白地讲，生6个孩子时，父母都居住在上海。还有宋耀如在宋庆龄出生前四个月，从上海发出的致美国《基督徒导报》编辑部公开信中，说了他1890年退为本处传道后的去向，既没讲去过川沙传道，更无此打算，而说："我现在执掌着我们上理公会（上海监理会）教堂，这是美国堪萨斯城摩尔兄弟的捐赠，是中国国内最好的一座教堂。"不但说明此时是在上海继续传道，而且职责加重，教务更忙。因而经中共中央书记处批准宋庆龄墓碑上写明的是："宋庆龄同志，广东省文昌县人，1893年正月27日出生于上海。"

确定宋庆龄诞生地是以诞生时为准。宋庆龄明确讲出生在上海，史料证明当时父母是居住在上海，定下了大的地域方位，这是首要的。众所周知，1893 年时，川沙属于江苏省管辖，不属上海，直到 65 年后的 1958 年才划入上海。因此地域错了，其他都谈不上。单就这一点，“川沙说”就无法成立。

宋庆龄与母亲倪珪贞合影也是目前所见宋庆龄最为年幼的形象

二、宋庆龄亲近者说她出生和成长在上海虹口

宋庆龄于 1981 年逝世后，她的亲表弟倪吉士第一个花了 10 多年时间在近亲中调研宋庆龄诞生地，取得了一份 3 位近亲的宝贵证词。3 人共同的特点是：年龄和宋庆龄相仿，小时候一起生活在虹口朱家木桥，个人回忆资料都是 90 岁左右在各自住所讲的亲身经历。他们一致认定宋庆龄出生在上海虹口朱家木桥，即现在的东余杭路 530 号，526 弄 23—31 号，当时属公共租界。宋庆龄堂姨妈倪翠福说：“老家在朱家木桥虹口地段小菜场附近，离三角地菜场较远一点。宋家和牛家都有自己的房屋……自己（宋家）住在后

一幢的南墙四开间一、二层楼……宋庆龄兄弟姐妹 6 人都出生在这里。”

宋庆龄亲表姐倪爱珍说：“宋庆龄家早年居住在虹口朱家木桥一带……宋庆龄生在家里，我也是老娘婆接生。”她还说：“宋蔼龄和我要好，有好吃的给我吃……宋庆龄和我弟弟倪吉成好，两个人常常一块踢毽子，大了庆龄说咱们结婚，我弟弟说，我要问我妈妈，我妈坚决不同意，说亲太近了，将来要倒霉的。”

宋氏三姐妹

新近披露的宋庆龄亲表哥《牛惠生回忆录》中，也同样载明，1895 年牛家全家移居虹口朱家木桥，与宋家毗邻。“宋家几个年龄相仿的孩子也常来和我们一起玩。我那时最爱和子文及我们的舅舅倪德如一起玩。一有空，小一点的孩子也来参加，尤其是宋美龄和惠珠。”还有难得在上海照相馆拍摄的《倪府家庭 1891 年合影》为证。再有，曾任宋庆龄秘书的老一辈革命家、解放后又长期在她身边工作的李云讲：“宋庆龄和我说，我出生在上海，在爸爸造的房子里，记得好像是在租界里……还有一次宋庆龄讲过，爸爸新造房子在东有恒路。”这就讲得比较具体了。况且，北京宋庆龄故居在宋庆龄逝世不久，公开举办了“宋庆龄生平展”，经熟识的廖公（承志）亲自审查，邓大姐（颖超）等都看过，展中标明："1893 年 1 月 27 日宋庆龄出生在上海市虹口区朱家木桥（现东余杭路 530 号）。"

对上述文史，"川沙说"提供的黄炎培三儿说其父讲过"了不起的宋庆龄出生在这里（川沙）"，显然是不可信的。不但黄家与宋家早年是不相识的，而且黄炎培生前撰写的大量著作中，也从未讲到过此事。如他花了 10 多年时间亲自编审的民国《川沙县志》，只字未提宋氏家族的显赫地位和小小县城出了两个全国第一夫人，只能证明川沙并无此事。因此，风行一时的"宋庆龄出生地之谜"，是后人有意制造出来的。

三、宋庆龄诞生地紧连着宋氏家族发源地

宋氏家族是从上海虹口发源的。家族第一人宋耀如是 1886 年 1 月奉调从美国单身来到上海，任基督徒监理会见习传道。不久，经美国时的好友牛尚周将妻妹倪珪贞介绍给他为妻，于 1887 年仲夏在早年的上海基督徒慕尔堂举行婚礼。克拉克著《中国蒋家》登载了宋耀如给友人索朗益特的信说："我结婚了，结婚仪式是由我们布道国的克劳伦斯·李德牧师主持的。"宋耀如为感恩李德，宋庆龄的英文名字就取李德女儿名罗莎蒙德。婚房就设在虹口朱家木桥岳父倪蕴山家中（现东余杭路 530 号）。不久，宋偕新娘一起前往昆山、七宝、太仓巡回传道两年多。1890 年，宋耀如由于月薪微薄，经济拮据，主动退为本处传

道，定居上海，开始仍然住岳父家。正是在这里，他从经营实业，做买办起家，很快富有，由无名小卒一跃而为上海的一个大名人。当时，为了打实“殷实富商”的“都市名片”等，他急于筹建住房。但宋耀如又是反清革命者，只能选择“国中之国”的租界地区。因此在岳父家后面空地，建造了700多平方米的中西合璧、设施先进的一幢楼房。

宋氏全家照

埃米莉·哈恩根据宋氏姐妹提供的资料在《宋氏家族》一书中说：“这所住房由前至后笔直地伸向后院，里面分成4间大房子，查理的书房、餐室，配有红木桌及立式小凳的中式客厅、摆设有钢琴和舒适扶手椅及沙发的西式客厅。”“楼上4间屋子为卧室，分别归父母、女孩、男孩和仆人使用。”这是符合宋耀如、倪珪贞身份特点和生活方式的，完全适合宋家一家居住。

这幢宋氏老宅在1893年宋庆龄出生前已建成。西格雷夫专著《宋家王朝》中就说：“从1892年起……他的境况大不同了，他每天乘由保镖拉的人力车去印刷厂上班，回家时路过绿树成荫的公园旁，经英租界、外滩和英国领事馆，过苏州河，进入虹口地界……前面便是查理的新居。”这里是说新居在1892

年已造好。最新提供的宋庆龄于1917年9月6日致艾玛·米尔斯的书信中写道："母亲不喜欢住得离市区这么远，她说这样太不方便了。因此她的想法是搬回我们在虹口的老房子。你记得，我告诉过你我们已拥有那所房子超过23年。"1917年前23年是1894年，而超过多少年没讲，时间应是吻合的。史实完全否定"川沙说"称此房于1912年建造的错误反证。

为此，上海宋庆龄研究会于2010年2月公开宣布："现确定东余杭路530号（原东有恒路628号C）为宋氏老宅。"是宋耀如"1890年定居上海以后，通过推销《圣经》及经营实业致富后建造的第一处住宅"。

宋家在这座老宅居住了20年（1892年—1912年）。这才有早期孙中山来此居住，设立早期秘密活动据点等，引出的一系列的革命风云。宋耀如绝不可能此时把家安置到清政府统治的、偏僻落后的川沙，租住"内史地"两间旧房长达14年。这在宋家两代人公开发表的大量文章、书信包括近亲的回忆资料等，从未提到过这个经历。还有"川沙说"的主张者说"宋耀如、倪珪贞在川沙居住，原川沙县的不少档案资料均有记载"，可是20多年来未见片言只语公示。可见，真正的宋氏家族发源地是在上海虹口，而不是江苏川沙，宋庆龄也应该是诞生在上海虹口朱家木桥。

亲历上海航交所的成立

口述：王东江

王东江

1956年5月出生，1991年在上海港务局任信息中心副主任，1995年10月起，参与上海航运交易所的筹备到运营全过程，受访时任上海航运交易所党委委员、副总裁兼纪委书记。上海航运交易所是国务院批准，由交通部和上海市政府共同组建，全国唯一的国家级航运交易所（以下简称上海航交所）。以下为2015年3月18日的访谈内容。

市场催生上海航交所

20世纪90年代中期，我国争取加入WTO，对外做出承诺，要开放航运市场。当时我国还是计划经济体制，条块分割严重，比如说国际航运只能中国远洋运输（集团）有限公司做，国内航运只能各地海运局做，长江运输必须长航局做。我们要进入WTO，市场要开放，航运企业要到国外去竞争，就必须遵守国际航运规则，企业要跟着市场走，政府对企业经营不能管太多，怎么办？1994年1月，当时的交通部长黄镇东在全国交通工作会议上提出组建水路货物运输有形交易市场，设想建一个航运市场的管理机构，把航运秩序管起来。

交通部本来准备在大连、天津、上海三地建立航运市场管理机构，但只有上海最积极。上海是国际化大都市，是改革开放的前沿，对国内外的信息敏感，抓住了这个机遇。1995年初，大连、天津还在写方案时，上海市交通办就成立了调研组，专门研究航运市场管理的相关体制、机制问题。从全球来看，在航运市场管理方面比较成熟、比较先进的还是欧美国家，特别是英国，它是靠航运起家的，后来船队没有了，货物吞吐量也不大，但它仍然是国际航运中心。在英国，有一个波罗的海交易所，1744年诞生于英国弗吉尼亚波罗的海咖啡馆，是世界上第一个航运市场。那时通信不发达，船东和货主在这个咖啡馆谈货物运输的事情，货能找到船，船能找到货，方便了货主和船东，促进了海运贸易的发展。经过270多年的发展，波罗的海交易所成为世界上最著名的国际性自律海运、船舶交易市场，它发布的BDI指数，成为代表国际干散货运输市场走势的晴雨表。因此，上海借鉴国际成功的经验和案例，积极推动建立航运交易所。在国务院会议上，交通部汇报，除了上海，其他几个地方进展不是很顺利，于是国务院决定在上海建。国务院法制办起名叫“航运交易所”，没有“上海”两个字，但是上海市还是想加上去，交通部做了协调工作，最后就叫“上海航运交易所”，没有“市”字。

部市共建上海航交所

1995年10月18日，上海市交通办发文，决定成立上海航运交易所筹建处，

由上海市港务局、上海市海运局、上海远洋公司、上海市交通运输局、长江航运局等港航单位抽调 10 名同志组成，负责人就是现在中国海运集团总公司的董事长许立荣同志。我记得当年是 10 月 15 日到市交通办报到，在东长治路嘉利中心的大楼租了两间办公室，开始了上海航交所的筹建。筹建处分四个组，第一个是我所在的工程组，第二个是信息组，第三个是财务组，第四个是综合组。

1996 年 11 月 28 日，上海航运交易所成立，1998 年迁至虹口区杨树浦路 88 号开业

筹建资金，也是市交通办一纸通知，要求这几家航运单位既要派人还要带资金参与筹建，当然这个钱算上海航交所借的，借款 700 万。

上海航交所筹建处于 10 月 18 日成立，原计划 1996 年第一季度开业，但是遇到一个比较大的困难是场址的确定。虹口的东大名路虽然是航运一条街，但想找到一个比较满意的房源比较困难。我们考虑航运交易所像证券交易所那样，有交易大厅，有大屏幕显示，能够体现出是一个交易场所。我们按照这个要求，沿东大名路、东长治路、中山南一路寻找房源，跑了很多地方，最后觉得位于东大名路商丘路的华政商务大厦（东大名路 485-495 号）比较符合要求。我们租用了 4 层共 2000 平方米，第一层做交易大厅，像证交所一样，设置交易代表席位，有大屏幕。二楼是总裁办，当初叫综合部，还有技术部、机房等，特别还有一个咖啡厅。三楼是信息、结算这一块，四楼租给出市代表，进行场内交易。

为租下这个房子，第一次去谈开价500万，最后谈下来大概是年租金300万元。1996年2月15日筹建处搬到这个新址办公。

上海航交所的筹建，得到当时国务院总理李鹏的大力支持。据说李鹏总理就中国航运市场的开放以及上海建设国际航运中心的战略问题开过好几次国务院会议。1996年1月16日，李鹏总理在上海召开两省一市（即江苏省、浙江省、上海市）座谈会，研究上海建设国际航运中心有关问题，对上海航交所的组建做出了明确的指示，提出了航交所的三项职能是“规范航运市场行为、调节航运市场价格、沟通航运市场信息”，交易市场不以营利为目的，而是提供优质的服务、提高工作效率、降低运输成本。《上海航运交易所管理规定》是在国务院常务会议上通过，由时任交通部长黄镇东签发《中华人民共和国交通部1996年第8号令》发布的。

上海航交所由交通部与上海市政府合办，双方共同出资。首期注册资本是1400万，交通部出500万，上海市出900万，后来上海市又追加了500万，所以注册资本是1900万元。由于是部、市合办，就成立了一个理事会，理事长由上海市人民政府委派，副理事长由交通运输部委派。一般是上海主管交通部门的负责人兼任理事长，交通部水运局负责人兼任副理事长。理事会有9个理事单位，有上海市经委、外经贸委、海关等，还有中远、中外运等公司，他们是根据《章程》，以会员单位的代表作为理事的。航交所的总裁由理事长提名聘任，第一任总裁是许立荣，现任总裁是张页。

上海航交所筹建共制定过 3 次开业时间。第一次计划 1996 年一季度开业，但把房子找好就已经很晚了。第二次计划 1996 年三季度开业，到 8 月底，还有很多工作没有完成，如计算机系统的开发等。第三次计划在 11 月开业，拟定了 11 月 18 日和 11 月 28 日两个日期让领导定，由黄镇东部长定为 11 月 28 日开业。开业仪式的方案原定是邀请国务院管工业的副总理吴邦国来，由上海市政府办公厅协调开业活动，到 11 月 26 日晚，突然全部变为市委办公厅协调活动了，原来是李鹏总理要亲自来。当年东大名路很窄，我们在高阳路那边找了一个广场，搞开业仪式，还有一个停车场，但是周边制高点比较多，无法全部管制，1996 年国际形势也不是很好，所以决定李鹏总理不参加 28 日的开业仪式，改为 27 日视察航交所。实际上开业剪彩敲锣的时候，李

鹏总理是不在的，由黄镇东部长鸣锣开市。

上海航交所1996年刚成立时在华政商务大厦，1998年搬到原上海港汇山客运大楼（杨树浦路88号），2012年3月搬到现在这个大楼（杨树浦路18号），这里已形成上海国际航运服务中心。航交所大厦经过多次改扩建，建筑面积已达到4.8万平方米。每次改扩建我们都保留了一个咖啡厅，这是因为世界最早的波罗的海交易所就是从咖啡馆发展起来的，航交所里面都有一个咖啡厅情结，也是一种文化传承。

创新打造服务产业链

上海航交所开业后，紧紧围绕“维护航运市场公平、规范航运交易行为、沟通航运动态信息”三大基本功能，推进航运指数研发、运价报备、航运衍生品、船舶交易、航运经纪、资信评估等重点项目建设，在拓展航运服务产业链，完善航运服务功能方面取得了丰硕成果。特别在沟通航运信息方面，通过不断发掘信息源、构建信息网络、优化信息处理、创新信息传播，上海航交所已初步建成九大板块信息渠道和分时段即时信息情报系列，具体包括：一书，就是《中国航运发展报告》，也叫“航运白皮书”；两刊，就是《航运交易公报》和《航运动态月报》；两报告，就是《季度航运热点分析报告》和《年中（终）水运形势分析报告》；三网站，就是“中华航运网”“中华船舶交易网”“中华航运物流人才网”；系列指数，就是著名的“中国出口集装箱运价指数”（CCFI）、“上海出口集装箱运价指数”（SCFI）、“中国沿海散货运价指数”（CBFI）等。我们的集装箱运价指数在国际上和波罗的海交易所的国际干散货指数是同一个水平，因为现在上海港已经连续 5 年成为全球第一大集装箱口岸，货物运输也是全球第一，我们的信息样本比较全，这是我们的优势。

上海航交所这些年来通过不断的实践探索和理论突破，形成了“十大创新”，产生了很多可以复制和推广的经验。现在各地的航交所，都要拷贝我们的一些制度和做法，特别是“一门式服务”的做法，为会员提供聚集型的服务，提高效率，节约成本。现在，上海航交所根据在上海国际航运中心建设中的分工，正在继续不断地再突破、再完善、再创新。

我从筹建开始一直在上海航交所工作，对上海航运交易所是有感情的。我很高兴，经过 20 年的发展，上海航交所以服务上海国际航运中心建设和中国航运市场健康发展为己任，在促进上海航运软环境的不断完善，提升上海航运文化底蕴方面产生了广泛的社会、经济效益，对规范我国航运市场、维护航运交易秩序、促进航运市场健康发展起到了积极的推动作用。

（采访：王佩军、刘世炎　整理：刘世炎、陈福如）

人物故事

RENWU GU SHI

志存高远的人最耐读。俞秀松、夏衍、聂耳、叶澄衷、奚九一、高文彬……一个个闪亮的名字，在北外滩夜幕的上空划过，在北外滩风起云涌的发展的进程中璀璨过。生活的理想，就是为理想的生活。本章节的人物是勇于奋斗，前赴后继的“播种”人；是爱国忧民，负重前行的实干家；是不为功名，甘于淡泊的奉献者。阅读他们，我们仿佛经受一次情操的洗涤和心灵的净化，在未来可期的岁月中，希冀你我摒弃“小我”，锤炼自己成就“大我”之境界。

俞秀松

青年俞秀松在虹口

李红

今年初夏的一个午后，我从商丘路出发，至周家嘴路往左拐，悠然南下梧州路。两边有商务楼，待拆迁的旧房，熙攘的街景弥漫着多元的城市生活气息。这里既有历史文化的遗存，又有正在打造的能眺望未来的城市名片。

我来这里，追寻一个年轻的身影——俞秀松。

1920 年，21 岁的俞秀松来到虹口，他出生于浙江诸暨书香之家，却要来厚生铁厂当工人！正是热血沸腾的年龄，经历五四运动的疾风骤雨，在这里，他第一次体尝了底层工人的悲苦，为后来的思想蜕变奠定了基础。

1920 年，俞秀松在北京参加工读互助团两个月后，生活困顿，感到非长久之计，决定离开北京。

3 月 27 日，怀揣“不想做个学问家，情愿做个举世唾骂的革命家”的志向，他南下上海。在陈独秀的介绍下，俞秀松开始在《星期评论》社工作，暂居在法租界白尔路三益里（今黄浦区西门路泰和坊）的社址。《星期评论》经常刊登反映工人阶级近况文章，这越发促使他想了解中国的社会现状。

4 月上旬，俞秀松毅然决然“改名换服”，走进虹口东鸭绿路 351 号半的厚生铁厂，在那里做工近三个月。他打工不是为了糊口谋生，而是深入车间，观察社会状况，在工人中进行宣传。这三个月，俞秀松基本上是铁厂、《星期评论》社两头跑，一路上“都是走的，很快的速度，要走一点钟才到呢”。“从厂出门的时候，是六点二十分，到了三益里十七号，已七点多了。”在日记中，他留下了当时工厂的真实记录。工人做苦工，“一天十几点的牛马劳动”，收入却极其微薄。工厂卫生状况很坏，所吃的饭菜里，常常看见蚊子和苍蝇。如此反差，使他一时难以适应。他还认识到工人知识和思想太薄弱，封建旧观念严重。在日记中他感慨，我们“进工厂去，对他们说什么资本家，什么罢工运动等，他们是一点不知道的”。他痛彻心扉地呐喊：中国的工人太苦痛了，一般人又看劳动界太微贱了！他直呼：现在上海的工厂，据我所晓得的，没有一处不比家庭学校……更黑暗。

工作之余，俞秀松不忘立志读书。他认识到自己的学问不足，将来解决社

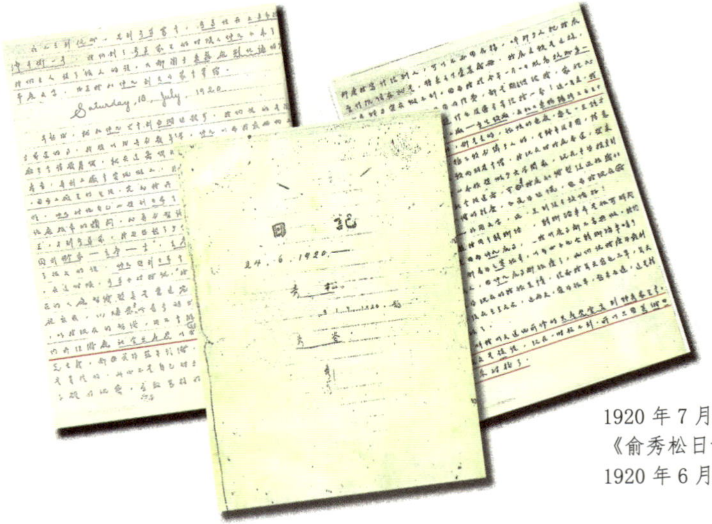

1920 年 7 月 10 日《俞秀松日记》
《俞秀松日记》封面
1920 年 6 月 27 日《俞秀松日记》

会问题，终究需要知识。因此决心在两三年之内，专门学习一种求知识的工具——外国文，然后再来干社会事业。在 1920 年 6 月 29 日的日记中，俞秀松订下计划："今天我又定了每天的功课，早晨读世界语；上午先读英语，后看书报；下午做四小时工，再预备每夜的教材，夜看书及记日记。"

就在他做工期间，陈独秀正在策划工人集会，筹备建党。俞秀松积极参加了各项活动。他一面做工，一面给工人讲课，日记中"预备每夜的教材"就是为了给厚生铁厂的"工徒夜学"工人上课。1920 年五一节那天，陈独秀带领俞

1920 年 8 月，上海社会主义青年团成立，部分团员合影。左起前排：罗亦农、袁达时；左起后排：俞秀松（书记）、谢文锦

秀松、施存统一起参加了工人集会。1920 年 6 月，上海共产党早期组织成立，俞秀松是最早的党员之一。根据早期党组织的委派，俞秀松还发起组织了上海社会主义青年团。8 月 22 日，上海社会主义青年团成立，俞秀松担任第一任青年团书记。11 月，由俞秀松做过工作的上海厚生铁工厂等单位联合组建的“上海机器工会”正式成立，会员有 370 多人，这是上海共产党早期组织指导下的第一个工会。后来俞秀松在苏俄填表时称，1920 年他“在上海曾任工会教导员”。作为一个典型的行动派，俞秀松放弃安逸的学习生活，作为一名体力劳动者，与工人群众打成一片。在陈独秀等人的帮助下，俞秀松渐渐走出无政府主义的

青年俞秀松在阅读书籍

泥潭，思想、行动有了质的飞跃，成为年轻的马克思主义者。这正是他在虹口厚生铁厂做工、干革命活动的重大意义所在。

那么，俞秀松做工的厚生铁厂在哪里呢？据租界志记载，1920年厚生铁厂在美租界兆丰路351号。据《俞秀松日记》中记载：是在“东鸭绿路第三百五十一号半”。这应是鸭绿江路，位于今虹口区南部，东起周家嘴路，西从虹口港海宁路桥至商丘路一段。新中国成立后因市政道路拓宽，鸭绿江路并入周家嘴路。

我在厚生铁厂旧址附近驻足停留，仿佛看到迎面走来的年轻革命者的身影。从历史长廊到时尚之地，这块土地也正在进行划时代的变迁。如果能铸一块铭牌，写上厚生铁厂与俞秀松的简介，会不会赋予这块土地更厚重的意蕴？

王孝和就义『提篮桥』

徐家俊

王孝和是上海工人阶级的杰出代表，1924 年 2 月出生于上海虹口一个贫苦的船工家庭。16 岁那年，王孝和考进上海励志社英文专科学校。1941 年 5 月由许统权介绍，加入中国共产党。1943

王孝和烈士被押赴刑场英勇就义时的情形

年1月进入美商上海电力公司发电厂，在发电管理室当抄表工。1948年1月，王孝和被工友选为厂工会常务理事。同年2月，他带领“上电”工人抗议反动派血腥制造“申新九厂惨案”，积极声援“申九”工人的斗争。4月21日清晨，王孝和像往常一样骑着自行车去厂里上班，途经中纺12厂（今上棉12厂）时被敌人秘密逮捕，先后关押于国民党警备司令部威海卫路稽查大队、北四川路警备司令部军法处看守所和隆昌路特种刑事审判庭看守所。

当时设在长阳路 147 号（今提篮桥监狱 1 号楼 2 楼）的上海高等法院特种刑事审判庭（简称“特刑庭”），先后在 1948 年 5 月 1 日和 6 月 28 日，两次对王孝和进行秘密审讯。6 月 29 日的庭审中，特刑庭判处王孝和死刑。王孝和在法庭上临危不惧，义正词严地对敌人的诬陷进行驳斥，并抓住一切机会揭露敌人的暴行。后来，王孝和又向南京中央特刑庭进行上诉。9 月 24 日，中央特刑庭驳回上诉，复判王孝和死刑。对此，王孝和坦然处之，还安慰难友们不必悲伤。王孝和在看守所写下三封遗书，一封给父母、一封给怀孕的妻子忻玉英、一封给狱中难友。给难友的信是这样写的：有正义感的人们，祝你们健康，为正义而继续奋斗下去，前途是光明的，那光明正在向大家招手呢，只待大家努力奋斗！

特刑庭原准备 9 月 27 日对王孝和下毒手。群众闻讯后，在特刑庭和提篮桥监狱刑场（今昆明路 280 号）周围集聚，王孝和的妻子忻玉英凸着怀孕的肚子，抱着大女儿也出现在提篮桥监狱的大门口，并遭到敌人的毒打，引起路人围观和抗议。特刑庭害怕发生意外乃改期执行。

9 月 30 日上午，特刑庭派人去隆昌路特刑庭看守所（今上杨浦分局）押解王孝和。不料囚车发生故障无法使用，法警就到监狱对面的华德汽车行雇了一辆汽车，把王孝和带到特刑庭。王孝和身穿白衬衫、蓝布工作裤，脚蹬一双布鞋来到特刑庭。当听到特刑庭宣布今天对他执行死刑后，王孝和从容不迫大声

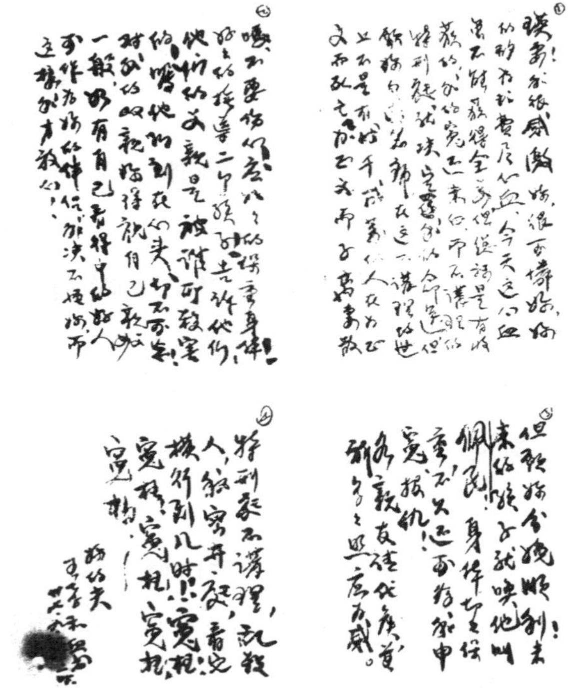

王孝和遗书

说道："我要对记者讲几句话，我是电业工会的常务理事，是从2800名工人中选出来的，但是'工福会'把持了工会，勾结社会局和警备司令部来诬害我，我是无辜的，我请求各位主持公道，在报上披露真相。特刑庭不讲理，乱杀无辜……"一位外国记者上前用英语发问，王孝和流利地用英语做了回答，检察官惊恐万状，命令法警把王孝和押出法庭执行。一个法警端上一碗"断头酒"（掺有麻醉药的白酒）要王孝和喝下，被王孝和打翻在地。

王孝和双手被铐，左右各有一名法警押解，后面跟随4名法警，被押往刑场，一路上王孝和大义凛然，不断高呼："特刑庭不讲理，特刑庭乱杀人！"《大公报》记者马赓伯拍摄到一组历史照片。王孝和被押到刑场，绑在一只"行刑椅"（木质的高靠背椅子）上。监刑官发出指令后，一名法警用瑟瑟发抖的手举枪射击，第一颗子弹没有击中要害，第二颗、第三颗子弹分别从王孝和的右耳左耳掠过，王孝和大口喘气，法警头目恼羞成怒，猛地把"行刑椅"踢倒，用皮鞋猛踩王孝和的腹部，顷刻间鲜血从王孝和嘴角处流出，年仅24周岁的王孝和英勇就义。王孝和的遗体当天被其亲属送到唐山路公平路口的国华殡仪馆，次日移放到四明公所（上海解放后安葬在虹桥公墓，1966年初迁葬上海烈士陵园）。

1949年5月上海解放。11月5日，上海各界人士两万余人在逸园（今文化广场）隆重举行王孝和烈士追悼大会。多年来，王孝和的事迹通过多种形式进行广泛宣传，包括故事影片《铁窗烈火》。1988年9月29日，时任上海市委书记的江泽民为之题词。1992年初，由我提议并执笔书写了"在提篮桥监狱内设立王孝和就义处"的报告，经虹口区人民政府批准，"就义处"列为虹口区革命纪念地。1994年9月30日，王孝和就义46周年时，虹口区人民政府、市电力工业局和提篮桥监狱联合举行"王孝和烈士就义处暨塑像揭幕仪式"。

李守宪

邹容

周立波

曹荻秋

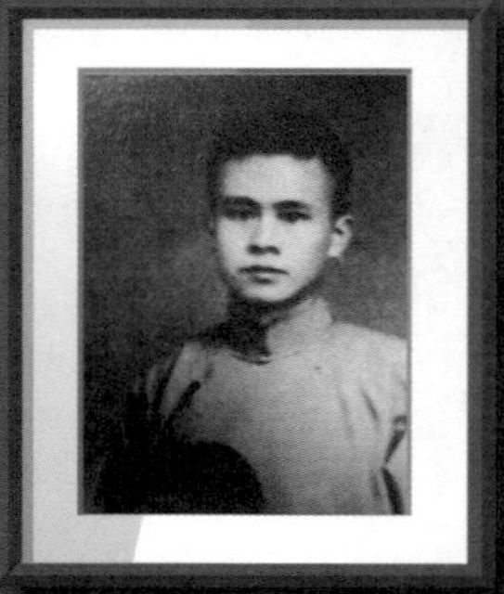

1927 年时的任弼时

章太炎

斗争在提篮桥监狱的革命志士

徐家俊

解放前的提篮桥监狱，囚禁过许多革命志士，有章太炎、邹容、任弼时、杨匏安、张浩、李维汉、张爱萍等。很多人使用假名字、假身份，在狱内与敌人进行机智勇敢的斗争。

一、利用时机，绝食斗争

1903 年，章太炎、邹容因“苏报等”被捕关入提篮桥监狱。入狱后被强行安排敲击三合土的小石子。一次在敲石子时，章太炎的眼镜蒙上灰尘，动作显得迟缓，遭到印度看守的拳打脚踢。为捍卫人格尊严，章太炎拒不进食，坚持几天几夜。狱官深知章在社会上的知名度，万一死在狱内不好交代，就当着章太炎之面，把几名看守训斥一番，下令将章太炎调到狱内缝纫工场剪鞋底，在囚衣裤上写番号，没有定量指标，章太炎通过绝食斗争赢得胜利。1930 年冬天，关押在提篮桥监狱的革命志士提出改善伙食，增加放风时间，外国看守长不答应，大家就以绝食抗争。外国看守冲进牢房欲殴打犯人，大家做好准备，看守敢上来就用大粪往看守的头上倒；吓得外国看守不敢接近革命志士牢房。绝食4天后，许多人倒下无法站起，监狱当局害怕事情搞大不可收场，答应为犯人改善伙食，每天放风一小时，绝食斗争取得胜利。

二、隐姓埋名，韬光养晦

1929年8月1日，时任上海闸北区区委副书记的张爱萍，参加南京路的游行集会，在先施公司散发传单时被印度巡捕抓获，他谎称自己是到上海打工的外乡人，到南京路是来看热闹的。被以“扰乱交通秩序”罪判处20天，关押在提篮桥。狱中的张爱萍保持高度警惕不露锋芒，事后他写下一首诗：“逐浪三峡走申江，南京路上少年狂；泥城桥前洋奴棍，西牢楼中好汉强。残更陋巷传叫卖，涎水画饼充饥肠；牢笼砸开铁锁链，刀枪杀回斩豺狼。” 1929年11月17日，时任中共江苏省委书记的任弼时，冒雨到沪东一个房舍出席会议，没有看到任何警示暗号，于是推门入室，突然从门后闪出几个暗探把他扭送到汇山巡捕房审讯。任弼时诓称自己来自江西农村，叫彭德生，因记错亲戚家的地址而找错门牌。巡捕认为他系共产党的嫌疑犯，对其严刑拷打还上电刑，任坚不吐实，后被判刑40天押入提篮桥。狱中他大智若愚，酷似一江西老表，同年12月25日出狱。

三、以监为校，发奋学习

旧监狱是一个折磨人、摧残人的牢笼，但是许多革命志士把监狱作为发愤读书的学校，锤炼意志的场所。革命者来自五湖四海、文化高低不一，他们以惊人的毅力，不顾伤残病痛，学文化学理论。

在监狱当局严密控制下，狱中学习是极端困难的，书籍报刊和纸张墨水都受控制。为了获取书报，他们还须付出高昂的代价，通过看守几块银元买一两本书，一件毛衣换几张《申报》，《共产党宣言》《社会发展史》《大众哲学》等均经看守从外面偷带进来。这些书报一进牢房大家都争着传阅，有的还调换封面以作伪装。1938年七八月间，毛泽东《论持久战》的油印本也由看守偷偷带进狱内，狱友将这本小册子拆开分章节传阅，并组织讨论。各人将所看的内容记熟背出，然后销毁；讨论时分工同志背一段，大家就讨论一段。

四、建立支部，发展党员

20世纪30年代，在监狱中由中共党员秘密组织成立了党支部，在铁窗下积极隐蔽地开展活动，研究分析形势，商议斗争对策；通过严格考验，积极慎重地发展积极分子入党。1933年初，贵州籍的青年学生谢凡生在提篮桥的牢房内加入党组织，坚定了人生的理想信念（1981年，身患残疾的70多岁的谢凡生到提篮桥监狱参观访问）。党支部还针对监狱当局勾结国民党搞的“政治犯刑期满三分之二可以自动申请去苏州反省院，反省院管理宽松、行动自由”的阴谋，针对个别人员存在模糊思想，党支部公开向难友提议绝不能主动申请去反省院，坚定了大家的革命斗志。

五、磨砺意志，提高觉悟

在押提篮桥监狱的人员中，有不少进步青年学生和普通群众，他们通过狱中磨砺，提高了觉悟，出狱后加入中共党组织。如周立波 1932 年在上海因张贴罢工宣言被判刑 2 年半关押在提篮桥，后又被当局转押到苏州反省院，经过沪苏两段监狱斗争的磨炼坚定了意志。获释后的周立波参加“左联”，次年初加入中国共产党。以后，他创作了《暴风骤雨》《山乡巨变》等作品，解放后曾任湖南省文联主席。江西人杨子清幼年家贫，被庐山的美籍牧师收养，后随同牧师来到上海。4 年后牧师回美国，杨子清只身流落沪上，他边工作边学习，因参与进步活动被判刑入狱，出狱后参加抗日运动，加入中国共产党，并在苏南地区担任重要工作。1941 年 7 月，时任中共太仓县委书记的杨子清在反“清乡”活动中牺牲。

叶澄衷的故事

潘红星　张立茂

北外滩最早的开发者之一：叶澄衷。

叶澄衷出生于宁波镇海庄市穷苦人家。1855 年，年仅 15 岁的叶澄衷来到上海打拚，早期在黄浦江上摇舢板谋生。一日，一位英国洋行经理摆渡时遗落一只装有大量外币汇、重要支票和凭证的公文包在他的舢板上。他放下生意，在渡口静候失主，原物奉还，不取分文酬金。叶澄衷拾金不昧的故事不胫而走，曾被编入民国小学语文教科书。助人者必己，在这位洋行经理的帮助下，叶澄衷走上了一条经营五金的致富之路，在百老汇路（今大名路）开老顺记五金号，这是上海开埠后由华人开设的第一家五金店，叶澄衷后成为享誉上海滩的“五金大王”。

叶澄衷的生意越做越大，又先后获得“美孚石油”的独家经销权，建立了自己的沙船队，并大胆投资新行业。他开设的“可炽顺记”，成为上海最早经营进口煤和铁的商号，是上海民族钢铁商业的开拓者。他的“新顺记”洋货店，是上海第一家专售进口罐装食品的食品店，也被称为上海第一家“吃食五金”店。他也是中国人自己创办的中国通商银行的总董之一。叶澄衷先做贸易，再办实业，后进金融，经营范围涉及五金、煤油、机器、钢铁、洋烛、罐头食品、火柴、缫丝、钱庄、地产、运输、金融等领域，成为闻名遐迩的商界巨擘，宁波帮的先驱。

叶澄衷不仅是纵横捭阖、长袖善舞的商业巨擘，也是乐善好施、扶贫济困的首善之商，光绪帝亲赐“乐善好施”“勇于为善”等匾额，以示嘉奖。他所做的众善之事中，有一宗与北外滩密切相关。苏州河上有十余座桥梁，其中“外白渡桥”是最具有代表性的一座，它是上海市的重要地标。当年在这个位置上有一座木桥叫威尔斯桥，此桥经不起风吹雨打朽烂了，需要重建，但工部局钱不够。叶澄衷主动提出捐献两千两银子，占投资的1/3。新桥建成后，华人过桥不用再付费，博得“白渡桥”的美名。桥通行以后，叶澄衷先前为救经济处于危难中的钱庄老板，从其手中购得的在桥北堍（即今日北外滩）的400亩土

澄衷学校教学楼　澄衷蒙学堂字课图说

地也获得暴利，从此，叶澄衷涉足房地产行业，在虹口和杨树浦地区建设了一批中式里弄房子和几幢洋房，其房地产最盛时占其家产的2/3。从这个意义上来说，叶公澄衷也是北外滩最早的开发者之一。

创办沪上第一所班级授课制新式学堂。

叶澄衷捐资创办沪上第一所班级授课制新式学堂——澄衷蒙学堂。他认为："中国之积弱由于积贫，积贫由于无知，无知由于不学，兴天下之利，莫大于兴学。"他除了在家乡兴办叶氏义庄，还在虹口创办澄衷蒙学堂（即今东余杭

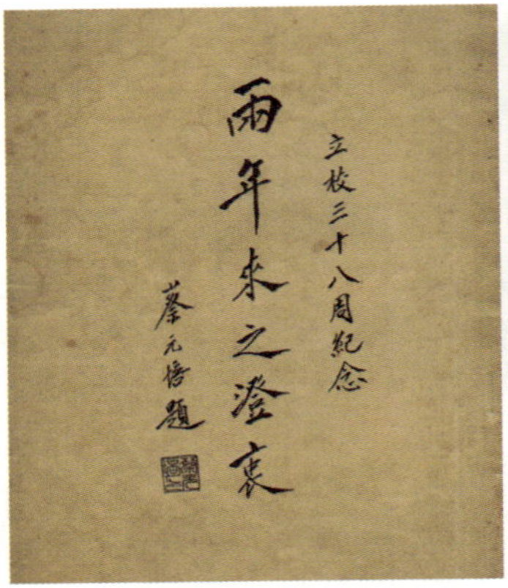

蔡元培题词

蔡元培

路 800 号上海市澄衷高级中学）。清末状元张謇为学校题写校名，光绪皇帝亲写“启蒙种德”匾额，嘉奖澄衷蒙学堂的办学成效。澄衷蒙学堂的第一任校长刘树屏，后来曾担任上海交通大学校长；第一任总教习（教务长）蔡元培，后来担任北大校长和民国时期教育部部长。这所学校吸引了一大批当时全国知名的教师前来任教和讲学，包括丰子恺、钱君匋、葛祖兰、黄炎培、陶行知、陈鹤琴、章太炎、李公朴、马寅初、林语堂、夏丏尊等；也培养了一大批优秀的学子，其中最有代表性的要数胡适和竺可桢。

《澄衷蒙学堂字课图说》是中国第一部教科书。这套书由首任校长刘树屏主编，蔡元培审定，共四卷八册，选择 3224 个浅近字，以图文并茂的形式帮助儿童识字。著名作家茅盾晚年回忆说，自己启蒙时母亲为他选择的教材是《澄衷蒙学堂字课图说》。这一部读本在中国教育史上有着历史性的价值。

《澄衷学堂章程》是中国学校较早的章程之一。叶澄衷在他去世前 18 天，即1899年9月15日给他企业的董事们写了一封不到400字的信。遗嘱主要有三层意思，其中第三层意思显示了他明确的章程意识：“悉心筹办，建造学堂房屋，订定一切章程，务求妥恰，克垂久远。”作为一位杰出的企业家，预见到唯有妥恰的章程才能够保证学堂久远地办下去。

诸董事根据叶澄衷遗嘱，于1900年农历5月动工，1901年正月落成，同年农历2月28日（即阳历4月16日）开学。

根据叶澄衷的遗愿，学校创办之初，校董会就延聘刘树屏任首任总理（即校长），蔡元培任首任总教（即教务长），由他们酝酿、起草和形成了校史上的首份章程《澄衷学堂章程》。

随着北外滩新一轮的开发建设，上海市澄衷高级中学将搬迁到大连路、昆明路、保定路、唐山路围合的地块异地重建。澄衷学堂的故事是中国基础教育发展史上的宝贵财富，是虹口风水宝地上教育文化的凝重积淀，我们应该认真传承和发展，为北外滩增光添彩。

蒙学堂校门

同春里的《梦幻曲》

陆林森

1930 年的公平路同春里

公平路 185 弄 86 号 2 楼的聂耳旧居，拍摄于 2012 年

公平路 185 弄 86 号 2 楼的聂耳旧居，拍摄于 2012 年

同春里位于公平路东大名路（旧称百老汇路）口，这是一条老式弄堂，弄堂里有很多老建筑，一式

的砖墙结构、木门，楼上楼下，海派风格。只是，经过几十年风雨侵蚀，那两扇原本油漆得乌黑发亮的木门，后来都有点斑斑驳驳了。

聂耳

同春里31号是诸多老建筑中的一幢，名福兴公寓。1930年7月24日，聂耳为躲避云南当局对进步学生的迫害，从昆明乘坐滇越铁路列车到达越南，经越南海防、香港，辗转来到上海。福兴公寓二楼，是昆明云丰商号设在上海的一个分店，对外的名称叫云丰申庄。昆明总店原来是一家皮草行，因经营亏损，难以为继，遂改行从事香烟买卖。云丰申庄专为总店采购南洋兄弟烟草公司生产的“大联珠”牌香烟。聂耳成为云丰申庄的员工后，吃住在福兴公寓内。初到上海的他，第一个月没有工资，从第二个月起，每个月工资15元。在上海滩，这区区15元只够勉强维持生活。聂耳的生活十分节俭，常常以白菜煮粥果腹，拿到工资后，除了添置必需的生活用品，他将所剩不多的钱全都用在买书和学习上了。他在给

聂耳（右）和云丰申庄的员工

二哥聂守诚的信中说：“我虽没有钱用，这是无所谓的……现在我每天都在自修英、日文，但时间很少，单烧火煮饭的时间就要占一大半，还要做所谓公事。不过我都尽量找时间，做自己的功夫。”

福兴公寓的底楼，住着一个福建商人，来往人员杂沓，嘈杂声不断。聂耳从不习惯到渐渐习惯，最后融入上海石库门生活，开始了“新上海人”的生活。在福兴公寓期间，他学会了生炉子、做饭，衣服、被子脏了，自己洗、自己缝。白天，他去近在咫尺的南洋兄弟烟草公司批发“大联珠”，然后去邮局、码头，将香烟寄往昆明。到了晚上，公寓内外，喧哗声、噼里啪啦的麻将声，搅得人不得安宁。但他充耳不闻，读书，学习。来上海前，他是云南省立第一师范的学生，参加了校共青年团组织的读书会，对马克思学说产生了兴趣。在福兴公寓住下几个月后，他参加了进步组织“反帝大同盟”。有一天，昆明朋友来信，托他在上海购买一部电影拷贝。事后，他得到了100元报酬。对于每个月只有15元工资的他，这笔钱犹如一笔巨款，他给母亲汇去了50元，余下的钱用来买书、添置过冬的衣服，还买了一把早就想买，但又没有钱买的小提琴！

福兴公寓有个晒台，很小，是用来洗晒衣服和被子的，聂耳自从买了小提琴，小晒台就成了他的露天“琴房”。每当工余，他跑上晒台，一站几小时候，不管天热天冷，从未间断。嘈杂的福兴公寓，从此就响起了“练习曲”，响起

聂耳在同春里住房阳台上习练小提琴

了舒曼的《梦幻曲》，这是他最喜欢的一首小提琴曲。

正当聂耳融入上海的时候，昆明云丰商号买卖香烟偷逃税款“东窗事发”，被当局课以重罚而破产，上海云丰申庄也关闭了。突然的变故，将聂耳推向了生活的风口。他来到福兴公寓才六个月，在上海滩还刚刚站稳脚跟啊！他在日记中写道：“青天白日中突来一个霹雳：‘滇记’已发生问题。这事显然在不久的将来要给我一个生活的变异：回去吗？还是找别的事？这两个问题突然萦绕着脑际。”

回昆明吗？不现实。继续留在上海吗？可没有了工作，福兴公寓还能留下自己吗？夜幕下的黄浦江，浊浪翻滚，聂耳站在黄浦江畔，看江水流去，茫然了：前路漫漫，人生的驿站在哪儿？想要在上海站住脚，首先需要有生活保障！

正当聂耳进退两难之际，一条广告跳入了眼帘：明月歌剧社招收小提琴手。聂耳怀着一丝希望，前去报考。现代“流行音乐之父”黎锦晖慧眼识珠，将聂耳留下了。

聂耳在上海生活了五年，这是他生命中的最后五年。五年中，他创作了30多首音乐作品，其中包括他最后的一支曲子《义勇军进行曲》。自从成为明月歌剧社一员而搬离福兴公寓，他再没有回到过同春里。但是，同春里31号是他音乐人生的起点。他从这里出发，走向音乐的天空，最终成为中华人民共和国的“国歌之父”。

上海的《国歌》纪念广场

前些年，我因写作需要，去同春里寻访聂耳故居，却不料，同春里及其周围，已被夷为一片平地了。我知道，生活越来越美，危房简屋必将被新的生活节奏取代，要不了多少时间，这里将会耸立起一片新的景观。站在同春里遗址，恍若有烟云飘过，聂耳在福兴公寓的生活情景，如影像一幕幕再现眼前。同春里31号，北外滩的一个历史亮点，它曾经闪烁在历史的长空，如今往后，也将闪烁在我记忆的深处。

奚九一的故事

孙小琪

上海市中西医结合医院在虹口区保定路230号，设在院内的名中医工作室，安静古朴，奚九一先生的藏书、题字、学术思想和学术成果介绍等陈列妥帖，尤其吸引我注意的，是他几处工整的题字："勤奋创新 走向世界""中西结合 勤奋创新 走向新世界！"70岁、80岁、

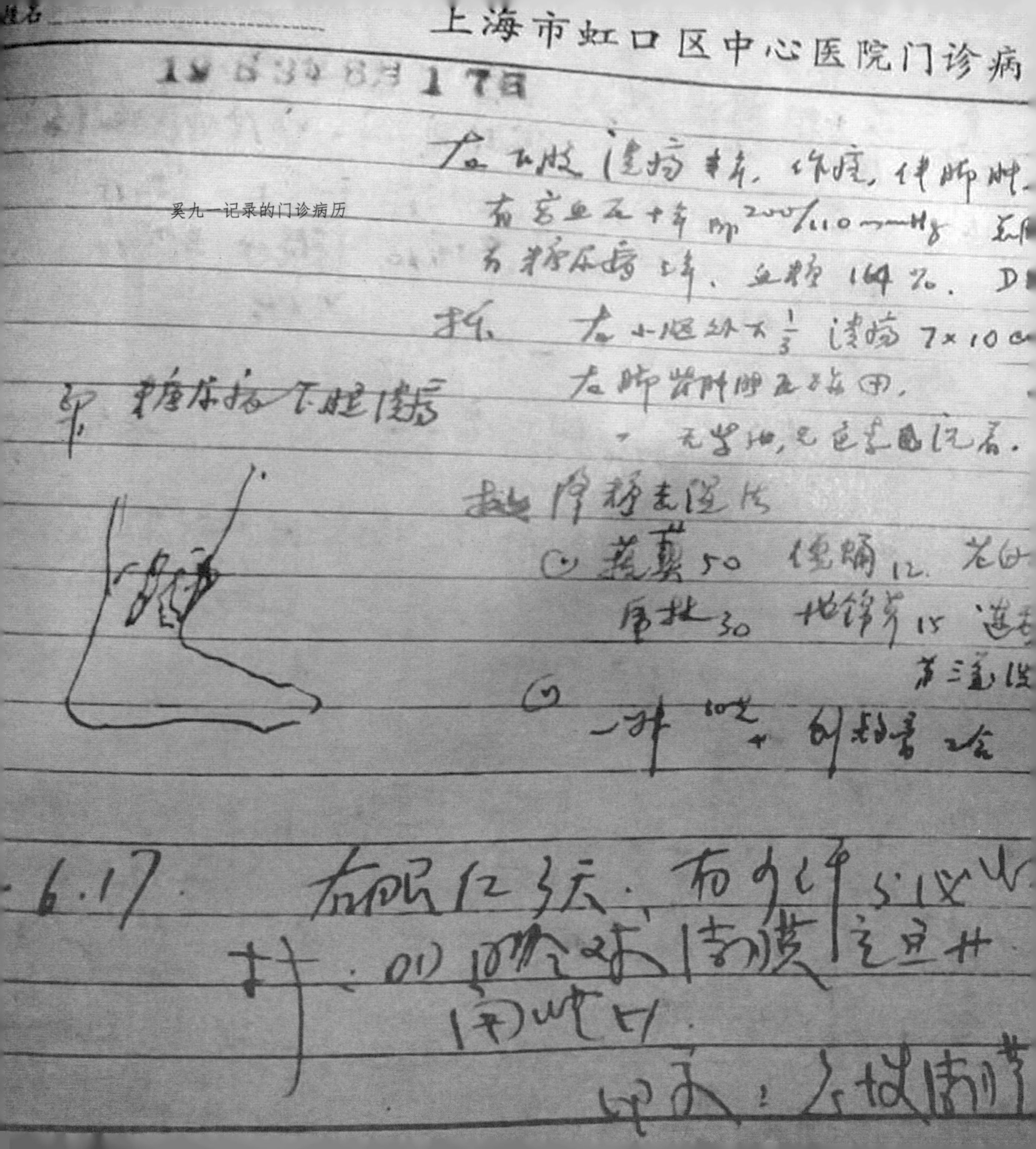

奚九一记录的门诊病历

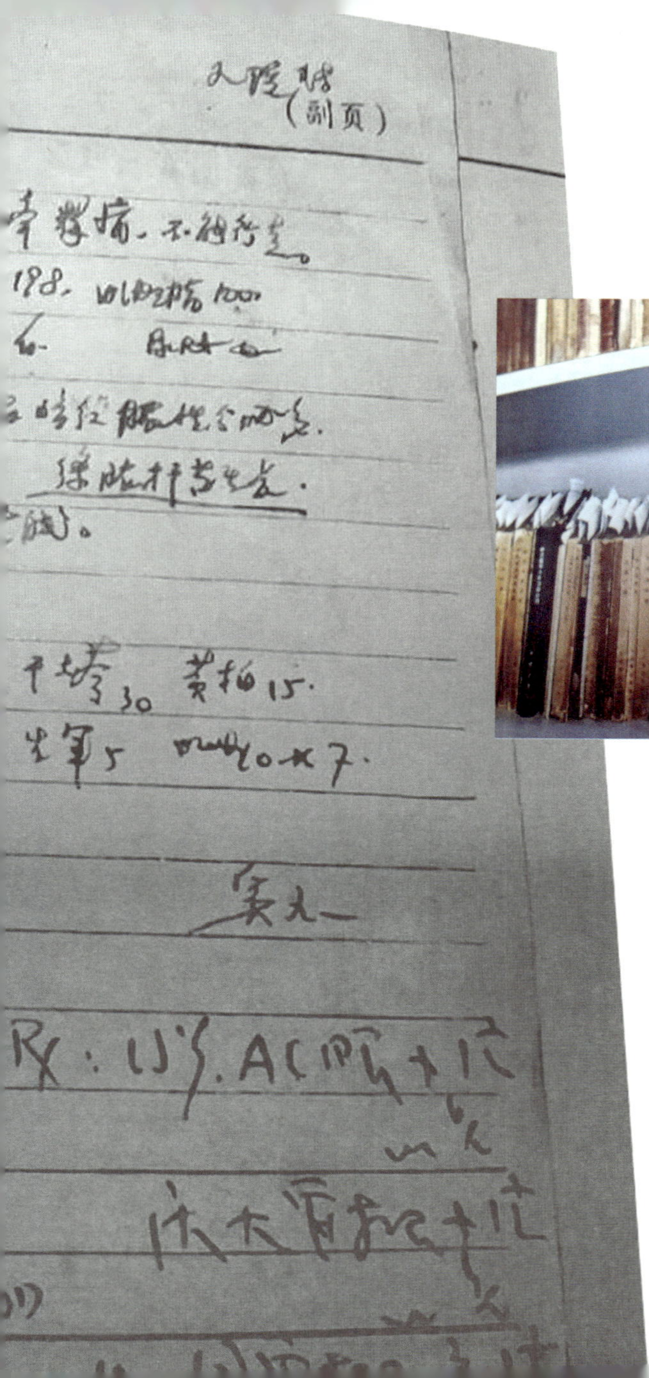
(副页)
奚九一

奚九一教授珍藏的古籍医书

90 岁，每一次题词，都有“勤奋创新 走向世界”，每一次末尾署名前，都以“未老人”作为前缀，一位耄耋老人的昂扬精神，赫然眼前。他的工牌陈列在玻璃柜里，照片上穿着白大褂的奚先生温和地微笑着，下面写着上海市中西

奚九一纪念塑像

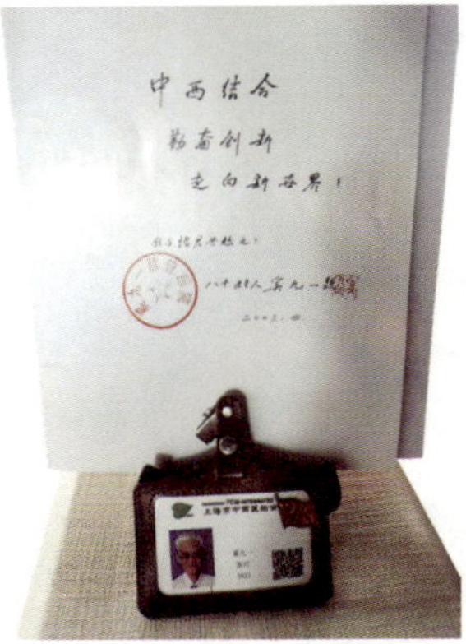

奚九一教授的励志题词

医结合医院，医疗，1621 号，工牌的外壳上，别着鲜红的共产党员党徽。

奚九一（1923 年 4 月—2018 年 4 月），中共党员，江苏无锡人，1953 年毕业于上海同德医学院，1956 年参加上海市首届西学中学习班，师从著名老中医张近三先生，就此走上中西医结合的医疗、教学、科研之路。曾任上海市中西医结合脉管病研究所所长、主任医师，全国中医脉管病医疗中心主任，上海市中西医结合医院脉管病专科暨中医外科主任，上海市国际医疗保健中心专家特约顾问，香港保健学会特约专家顾问，上海中医药大学教授、博士生导师等。

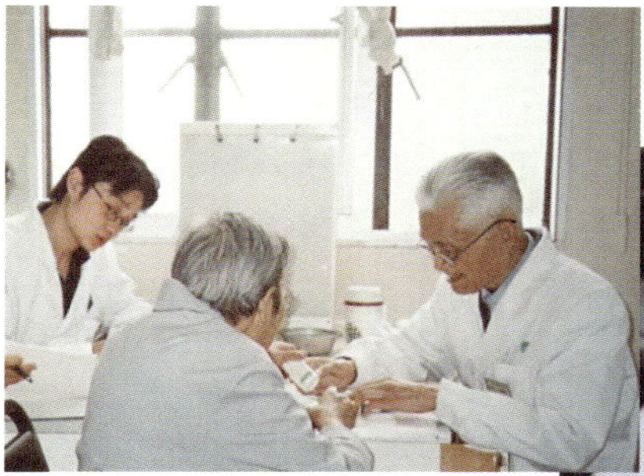

奚九一先生在给患者治疗

应邀赴美讲学并进行学术交流

1991 年起享受国务院突出贡献特殊津贴，先后荣获上海市及全国劳动模范、全国卫生先进工作者等荣誉称号。

奚九一先生在中医的医、教、研事业中奋斗了半个多世纪，在长期临床研究中，创立了“因邪致瘀、祛邪为先、分病辨邪、分期辨证”的学术经验，且经多年研制，筛选内服及外用制剂数十种，用于治疗血栓闭塞性脉管炎、肢体动脉硬化性闭塞症、糖尿病足坏疽、深静脉血栓形成、游走性浅静脉炎、下肢静脉曲张炎变综合征、自身免疫性血管炎、丹毒、慢性淋巴肿、多发性大动脉炎、痛风病等。这些制剂和治疗方法，对提高临床总有效率，缓解疑难脉管病坏疽二级以上的重症以降低截肢率等，达到国内领先。“奚氏糖尿病足”等课题已达国际领先水平。

从20世纪80年代以来，奚九一先生培养硕士、博士多名，带教、培养专业医师数十名，同时积极推动脉管病中医治疗的学术交流，90年代曾多次应香港保健学会、香港中文大学邀请，去香港做学术交流。1991年应邀赴中东阿曼王国为王太后及王室成员医治，疗效得到多国专家的肯定。1995年奚先生应邀赴美国麻省血管中心做学术报告，获得美国同行权威高度评价：“中医对脉管病后期坏死的治疗，填补了西医的空白。”

奚九一是从最基层的横浜桥地段医院起步的，孜孜不倦地向临床实践学，向书本学，向病人学，勤于思考和创新，这样的精神伴随他的一生。认真地一丝不苟地书写病历，温和地耐心地对待病人，为了感受病足的温度，奚老常不避脏臭，不戴手套触摸病足。年轻时他常去江浙出诊，被治好的病人非常感谢，奚老便说，带我去见见你们这里的大夫好吗？他就和那些土大夫聊，如何治病，用什么土药有效，许多民间土方就是这样在实践中慢慢积累起来的。奚老好读书，在书中的字里行间写批注，有些看了不止一遍，批注就用不同颜色的笔，留下各种思考和探究。所有这些，加上奚老丰富的临床经验，读书时西医的学

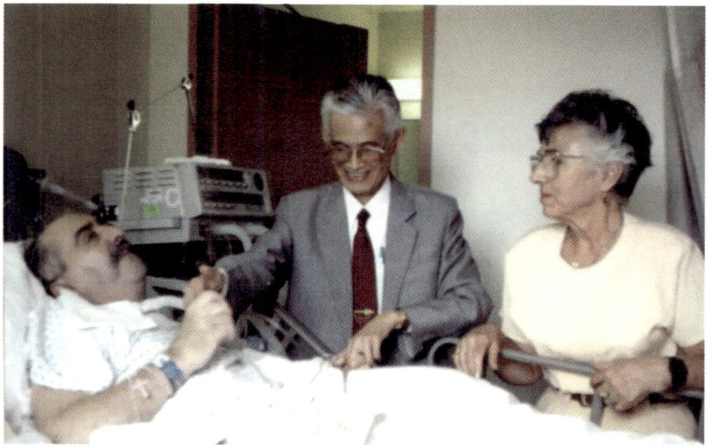

奚九一先生在给外籍患者诊疗

问基础，使奚老带领他的团队，在相关疑难病例中攻克一个又一个难题，取得突破性进展。

“奚老是伟大的医生”，现任上海市中西医结合脉管病研究所所长的曹烨民教授满含深情，说奚老全身心热爱医者职业的故事。曹烨民自 1996 年从兰州考上中医外科学博士跟随奚老，眼见脉管病研究治疗渐渐发展，为无数病患解难。20 多年耳濡目染，奚老毫无保留地向学生传授所有经验和心得，生命不息，创新不止。85 岁时奚老患肺癌，他说我不相信中医不能治癌症，于是没有接受西医的手术，自己给自己开方，不断钻研，凭着达观的生命态度和对中医的感情，

应邀去阿曼王国给国王母亲看病

奚老边治病边工作，直到95岁。奚老是我国中西医结合脉管病事业的奠基人之一，去世后捐赠了遗体。

“奚老还在，在我们学校（上海市中医药大学）。”大医精诚，奚老活在他未竟的事业中。

夏衍

在北外滩的革命活动

朱亚夫

唐山路 685 弄（业广里 41 号）夏衍旧居的弄口

说起夏衍，人们都知道他是一代文豪，他的一篇《包身工》是我国早期报告文学的代表作；其实，夏衍还是一位职业革命家，是中国革命文学艺术运动的活

发表于1936年的报告文学《包身工》，是夏衍在虹口居住期间深入日本人开设的纱厂中获得的第一手素材

动家、组织者和领导者之一，他的革命生涯就是起始于北外滩。

夏衍早年参加五四运动，在家乡杭州编辑进步刊物《浙江新潮》。从浙江省立甲种工业学校毕业后公费留学日本，入明治专门学校学电工技术。留学期间接触日本共产党，参加日本工人运动和左翼文化运动。1927年春，蒋介石发动“四一二”反革命政变，夏衍因在日本从事革命活动也被驱逐回国，流亡上海。环顾车水马龙的上海街头，两手空空的他，想起同在浙江甲种工业学校高他两班的同学蔡绍敦。夏衍晚年在《懒寻旧梦录》中说：“我立即到虹口东有恒路（今余杭路）1号去找他，绍敦电机公司坐落吴淞路有恒路口，是一家双开间门面，规模不大的电料店。”两人一见如故，蔡绍敦热情留他在公司楼上居住。笔者工作单位曾经在此附近，对这一带比较熟悉，有恒路（今余杭路）1号，现属北外滩地区，是一幢老式石库门建筑。此地闹中取静，交通方便，便于开展隐蔽斗争。夏衍就是在这里，不惧腥风血雨，毅然向党组织递交入党报告的。1927年5月底的一天，在北四川路海宁路口的一家烟纸店楼上，党组织为他举行了入党仪式，从此他走上了职业革命家之路。

夏衍隐居绍敦公司期间，积极参加各项革命活动。他特地从旧货商店买了一套蓝布短衫裤，把头发剃成平顶，深入到下海庙以东，日本人开的“内外棉”和英国人开的“怡和”纱厂一带，与工人师傅为伴，做宣传鼓动工作。他所在的闸北第三街道支部的成员大都是文艺青年，其中有“太阳社”“创造社”的青年作家，如钱杏邨、孟超、冯乃超、李初梨等，夏衍通过他们认识了不少文艺界的朋友。在这些朋友的“鼓动”下，夏衍开始译书，逐渐一天可译两千多字，《欧洲文化思潮论》等译著，就问世于这一时期。夏衍还多次参加“飞行集会”，搞演讲、贴标语、发传单、放哨望风……夏衍回忆，有天晚上，他与同伴一起到三角地小菜场附近去贴“武装保卫苏联”之类的标语，当时下雨路滑，同去的茅盾夫人孔德沚不小心摔了一跤，弄得满身泥水。

业厂里 41 号夏衍旧居

夏衍年轻时的照片

当年，夏衍在北外滩期间，相识了革命伴侣蔡淑馨，于 1929 年秋冬搬离绍敦公司，迁居同属北外滩的唐山路业广里 685 弄 41 号（一说是 42 号）。夏衍的孙女沈芸说：这也是一所有前后门的石库门房子，爷爷住在二楼，蒋光慈曾经住过底楼。而他的隔壁住着他的二姐沈云轩一家，并且右边有门相通，是一个有“三穴”的房子，有利于开展隐蔽斗争。不久前，我曾踏访过唐山路上的业广里，685 弄进口处，有两块“夏衍旧居”铭牌，一黑一白，是虹口区人民政府于 2004 年 1 月颁发的。这是一条曲径通幽的石库门弄堂，41 号隐于弄堂深处，砖木结构二层，占地面积 78 平方米，清水砖墙，木质门窗。现为居民住宅。

夏衍是我党隐蔽战线上的高手。1930 年 4 月，他们在一家大饭店举行结婚典礼，婚礼隆重而热烈，除了亲朋好友，还有不少上海滩上的达官贵人、名流大亨。好多人做梦也没有想到，这位身着笔挺西装，鼻架玳瑁眼镜，风度翩翩的新郎，竟然是个职业革命家。夏衍在上海、在白区坚持地下革命活动 20 多年，当时几乎 100% 的白区机关遭受破坏，但夏衍从没有失过手，更没有被捕过，这是白区工作的奇迹，是与他机警聪明、缜密细致的才干是分不开的。

夏衍遵从组织的安排，积极参与筹建中国左翼作家联盟，主动与鲁迅联系，听取鲁迅的意见，于 1930 年 3 月 2 日成功主持了“左联”成立大会，并当选为执行委员，主编《艺术》《沙仑》月刊。创办上海艺术剧社，与田汉等人成立“中国左翼戏剧家联盟”。后任中共中央宣传部文化工作委员会成员。1930 年 5 月

29日，在塘沽路、吴淞路口的日本人俱乐部，组织召开了中国左翼作家联盟第二次全体大会，这是“左联”历史上“最大的”也是很有纪念意义的一次大会。大会在敌人的眼皮下召开，印证了“最危险的地方也是最安全的地方”的斗争经验之谈。

夏衍从1927年春来到上海，整整有5年时光居住在北外滩。正是这5年的革命生涯，将他锻炼成一位坚定的、成熟的职业革命家，成就了现代中国文学史上的一代文豪。

曾经的宝华里

高文彬：从宝华里走向东京审判

张林凤

2020年9月7日，东京审判的全程亲历者——高文彬先生与世长辞，他是中国参加东京审判17人团队中最后一位离世的。当年，风华正茂的高文彬，从北外滩的宝华里走向东京审判；当他历经人生坎坷，于20世纪80年代回到上海，仍然居住到了宝华里的石库门。

高文彬在远东国际军事法庭门口的木牌前

1998年，我到提篮桥街道（现北外滩街道）从事社区工作，有缘相识高文彬先生并与他多有交往。先生对我说，他一生做了两件最有意义的事，就是参加东京审判和参与编纂《元照

东京审判期间，由高文彬拍摄的中国检察团合影

英美法词典》。回想多次听他讲述的东京审判和目睹他为《元照英美法词典》呕心沥血的情景，这些都成为弥足珍贵的记忆。

高文彬于1922年12月26日出生于上海。1941年考入东吴大学法学院，1945年7月以优异的成绩毕业。1946年初，东京审判的中国检察官向哲濬先生到东京，带去了大量揭露日军罪行的证据资料。因远东国际军事法庭官方用语为英语，并且采用英美法系审判，所以要将所有的资料翻译成英文，需要既会

1945 年从东吴法学院毕业获得法学学士的高文彬

英文又懂法律且熟知英美法系的专业翻译官，这些要求高文彬全都符合。经向哲浚亲自面试，高文彬被录用任职中国参与东京审判的翻译官及向哲浚的秘书。

由于法庭采用的是英美法系的无罪推断，要将这批日本战犯绳之以法，不但要有充分具体的证据，还要具备应对英美法系“抗辩制”紧张较量的能力。经过向哲浚、梅汝璈及其他十几位中国同人殚精竭虑、艰苦卓绝的斗争，以及与其他国家审判人员的积极合作，东条英机、板垣征四郎、土肥原贤二、松井石根等 7 名战犯被判处绞刑，另外 21 名战犯分别被判无期或有期徒刑。

1946 年 8 月 16 日，清朝末代皇帝溥仪出庭作证，成为东京审判中最轰动的一幕，日本的《朝日新闻》把溥仪出庭说成是东京审判中“一个划时代的日子”。溥仪连续出庭 8 天，创下了远东国际军事法庭两年庭审单人作证时间最长的纪录，揭露了日本分裂中国的阴谋和侵华的事实。仅溥仪的庭审，就从一个侧面反映了东京审判是历史上规模最大、历时最长的一次国际审判。当被问及为何审判历时两年半之久、开庭 818 次之多？高文彬分析道：一是案情太复

20 世纪 80 年代高文彬在上海海员学院（今上海海事大学）门口留影

2002 年，在高文彬先生家中，本文作者与先生合影

2019 年 4 月，高文彬女儿高岚与外孙女苓陪伴高文彬参观外滩，在外白渡桥处合影

杂，牵涉面太广。从1928年日本关东军策划“皇姑屯事件”炸死张作霖起始，到日军侵略中国香港、菲律宾，发动太平洋战争，直至1945年日本无条件投降，由松花江一直到南太平洋群岛，涉及的国家多，搜集的证据繁多。二是语言障碍。通常需要用英语和日语进行翻译，特别是不同国家之间，辗转翻译很是费时。三是因为东京审判法庭审案采用的是英美法无罪推断的抗辩制，被告律师利用这种审讯制度死赖纠缠，妄图为被告开脱罪责，以致审判进行了两年多方告结束。

在南京大屠杀死难同胞纪念馆，悬挂有高文彬先生的巨幅照片，以表彰他在揭露日军南京大屠杀中提供的重要证据。

南京大屠杀无疑是第二次世界大战中日军暴行最为突出的一个事件，是东京审判的重要部分。高文彬回忆：起初很多日本人是抱着怀疑的态度来旁听对南京大屠杀审理的，闻听南京大屠杀的真相，日本民众都非常震惊。他也是在东京审判中第一次全面了解日军滔天罪行的。1947年底的一天，高文彬在一张1937年《东京日日新闻》报纸上，看到一篇题为《百人斩超记录》的报道，日本少尉军官向井敏明和野田毅从淞沪战场向南京进侵途中，开展“百人斩杀人竞赛”，向井敏明杀了106人，野田毅杀了105人，但分不清谁先杀满100人，于是，向井和野田毅相约重新开始以杀满150人为目标的竞赛。照片上两个杀人狂并肩跨立、军刀拄地，如恶魔般狞笑着。

悲愤至极的高文彬立即将这张报纸复印了 3 份，一份留在检察处办公室，另两份寄给南京军事法庭庭长石美瑜。中方立即向盟军总部提出抓捕罪犯。彼时，两个杀人狂魔已经混在被遣返的日军中回到日本。经过半年多的艰苦搜寻，终于在日本埼玉县发现二人，已然成为头裹白布，在街边设摊的小商贩。两个杀人狂魔被押解到南京接受中国人民的审判，确凿的证据不容他们狡辩，1948 年 1 月，向井敏明、野田毅被判处死刑，押赴南京雨花台刑场执行枪决。

签收审判战犯的庭审记录也是高文彬的工作之一。两年多的庭审记录有近 800 本，他将每若干本装订成一册，打印上日期，贴在书脊上，共装了两大木箱。当时的飞机太小无法运载，1948 年 8 月 17 日，高文彬随向哲濬乘坐“美琪将军号”轮船从横滨到上海，一套庭审记录由向哲濬送到南京国民政府司法行政部，另一套则由高文彬送到东吴法学院。至此，他告别了全程参与的东京审判，回到上海宝华里的家。

从“祥生”到“强生”

蔡小鸥

上海最早的出租车——祥生出租车

1993年，上海滑稽明星顾竹君女士代言的“强生”广告，“2580000（谐音：让我拨四只零）”的电话号码顺口有趣，市民大为赞赏，作为“打的”首选。其实，

Johnson
HIRE CARS
40000
祥生第三分行
JOHNSON
No.3
TEL.
祥生
40000

“强生”的广告效应源远流长，可追溯到它的前身——祥生出租汽车有限公司的“40000”电话号码，在20世纪30年代，就已深入民心。

“祥生”创建人周祥生，仅读过3年私塾，却是广告达人：他明晓广告的力量，不惜重金买下了不仅好记，还寓意着中国四万万的人口数的“40000”电话号码；他推出的广告语“华人应坐华人车，四万万同胞请打四万号电话，坐四万号汽车”，也点燃了百姓的爱国热情；他赠送为饭店、舞厅、电影院等场所定制的电话搁架、年底分送的日历、赠予老乘客的青绿色饭碗上都会印有“40000”和爱国广告语；他把车刷成墨绿色，喷上有J字的圆形公司徽标和“40000”；司机统一着装，衣帽上都印上“40000”。之后，出车率猛涨，祥生的“雪佛兰”醒目地行驶于大街小巷，不绝于眼。

在北外滩，靠着一辆旧车起家，仅几年就成为沪上规模最大的出租汽车公司，“祥生”故事颇为传奇。

周祥生（1895—1974），浙江定海人，13岁来沪谋生，先后在葡萄牙人家里、餐馆里做小童打杂。3年后，到礼查饭店（今浦江饭店）做侍应生，学得一口流利的英语，在每天为洋人雇车时，熟悉了汽车出租业务，为创立事业铺设了基础。1919年，周祥生用意外获得的500银元，再借了100元，用分期付款的方式首付600元，900元买下了一辆日产黑龙牌旧车，借用密勒路（今峨眉路）

周祥生

祥生出租车

祥生公司的名片

的马车行作为停车场，在虹口做起“抛岗”（注：违规在马路边停车揽客）生意。他雇用了司机，自己揽客，次年春天还清了 300 元余款。之后又购入一辆 1250 元的美制汽车，2 个月后，又还清了欠款。1923 年，在礼查饭店（现浦江饭店）斜对面的武昌路近大名路（注：现为街心花园），正式挂出“祥生汽车行”招牌。1924 年底在四川北路设立了第一个分行。1929 年，拥有轿车 20 辆，分行两处，并当上了“华洋出租车联合会”董事。1930 年 5 月，成为首任上海市出租车汽车同业公会会长。1931 年又购买了 200 辆雪佛兰车，11 月更名为“祥生出租汽车有限公司”。

服务行业的生命力在于不断提升服务质量。公司所聘的司机也都得符合“五要一无”（要有人担保，要技术熟练，要道路熟悉，要身体健康，要品行端正，绝无不良嗜好）标准。要求司机必须下车为乘客打开车门、安放行李；调度员接电话必须语气亲切礼貌。提供24小时接受乘客叫车，叫车10分钟内必须到达。凡影剧院戏院、体育场、舞厅、夜总会，火车站、码头，饭店、医院等场所，拨一个40000，出门片刻便能见“祥生”。“祥生”以“日夜服务、随叫随到、安全舒适、服务周到”特色服务赢取了市场。

1932年元旦，“祥生”迁移到北京路800号，但设有的分行还均在四川北路、海宁路、大名路、公平路，电话总机及调度室也仍设在江西北路347号。同年1月28日，淞沪战争爆发，周祥生亲自驾驶着一辆装甲车，穿越日军封锁线，将车献给19路军的爱国之举，得到铁路局局长黄柏樵的赏识，破例特批“祥生”直接驶入火车站内月台上接送客人。

1936年，“祥生”已拥有资本50万银元，270辆汽车，分行22处，特约车站点50处，职工637名（含362名司机）。1951年9月1日，改名“祥生汽车股份有限公司”。1956年公私合营为“上海出租汽车服务公司”。1992年

当年的祥生公司如今是街心花园

注册为“强生出租车汽车公司”。

“强生”沿承“祥生”的广告效应及服务理念，树立了“顾客永远是正确的”理念，对等级驾驶员、调度员进行英语培训，实行中英文双语服务。2014 年推出了 200 辆无障碍多功能出租车服务于残障人士。公司多次被授予全国文明服务示范窗口等殊荣。

“祥生”，书写了一个平民奋斗励志的篇章。从“祥生”到“强生”，百年风雨路从虹口走来，变的只是一个名字，不变的是企业文化的传承与壮大。

小贴士

小贴士：

1995 年 11 月 25 日，全市电话升级，“2580000”升为“62580000”。

慈心善行 温情传送
扶贫帮困 佛子悲心

杨泰清

为地震灾区祈福法会

捐助签约仪式

下海庙，北外滩繁华宝地中的一方净土。以弘法为家务，利生为事业，与时代相适应，与社会相融通，广谋福祉，利乐众生。传承着中华民族乐善好施的传统美德，秉承着行善积德慈悲济世的佛教精神，积极参加社会各项公益慈善事业。

多年来，下海庙住持、庙管会主任圣缘法师带领全庙法师职工、两序大众积极响应国家精准扶贫、兴边富民的号召，心系少数民族，善行边区建设，为支持少数民族地区

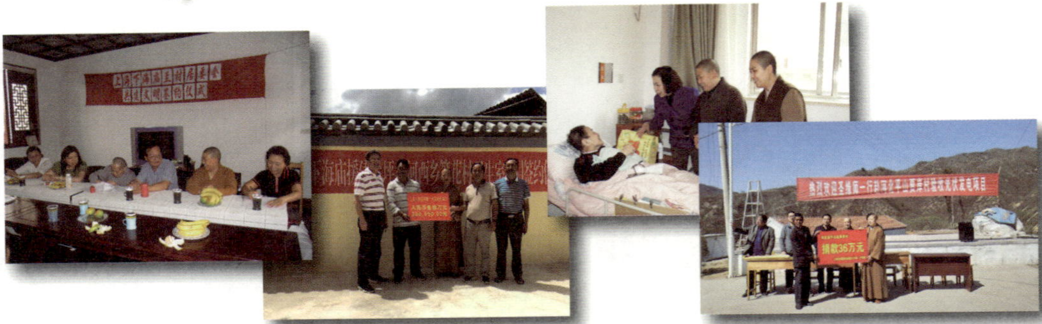

从左到右：与兰村居委共建文明社区签约仪式（2007.9.30） 捐助仪式，捐款 30 万元（2018.9.6）
春节前慰问虹口敬老院（2010.2.9.） 捐 36 万元制作安装光伏发电项目 6 组（2018.4）

的发展，竭尽所能做贡献，真正把 10 方信众的善款用到实处。2014 年，在虹口区慈善基金会的指导下，专门建立了 50 万的“慈缘慈善专项基金”用于公益慈善项目。为边远地区少数民族的新农村建设、办校助学、医疗治病、减灾帮困实地勘察、落实项目。先后为云南省文山壮族苗族自治州西畴县筹建云南西畴下海希望小学；为云南瑞丽德昂族户育乡芒海村帮助解决出行难、住房难、卫生差、作物少等困难；为云南西畴县少数民族白石岩村帮扶、为西畴上果村建造壮族文化广场、为云南怒江州兰坪县河西乡箐花村建造标准化卫生室、为云南马关县的学校建造浴室解决学生洗澡困难等捐资助困。为青海省果洛州（藏族）下大武乡少数民族卫生院捐赠；为青海玛沁县小学购置书籍和学习用品捐

从左到右：儿童节前慰问虹口残疾儿童福利院　春节前慰问提篮街道敬老院（2017.1.16）　甘肃舟曲泥石流　捐助 10 万元

助；为西藏日喀则扎什伦布寺卫生院缓解少数民族看病难、看病贵的实际困难捐赠。为贵州省赤水市白云学校、葫市中小学校捐赠，为河北平山县光伏发电、内蒙古巴彦淖尔市磴口县植树造林捐赠……善行边陲。想政府所想，急民众所急，为少数民族地区的稳定、昌盛，为边疆的经济文化发展促进社会和谐积极努力。从 1991 年下海庙重新开放至 2019 年，共为少数民族地区资助钱款及物品价值共达 500 余万元。2016 年 2 月，下海庙以大力帮扶少数民族地区建设而被评为“上海市民族团结进步先进集体”。

“无缘大慈、同体大悲”，是佛教徒的行为准则和遵循的道德律令，也是佛教促进构建和谐社会的作用之一。下海庙在国家遇到灾害、特困人群需要帮

慰问虹口区儿童福利院

助时总是及时伸出援手。在日本大地震、印度洋海啸，四川汶川大地震，雅安、青海玉树地震，甘肃舟曲发生泥石流，兄弟省市地区遭遇洪水等关键时刻，下海庙总在第一时间慷慨解囊，送上善款，并积极组织两序大众为遇难同胞捐款，还为灾区人民举行祈福和超度法会，诵经祈福。下海庙在本市本区还积极开展和参与了诸多助学、帮困、敬老、赈灾等公益慈善活动。向上海市慈善基金会、上海市儿童健康基金会、中国红十字会上海分会、上海市希望工程、母亲绿色工程、虹口区孤老、残疾人基金会、虹口区双拥基金会、虹口区教育基金会、提篮桥街道（现为北外滩街道）特困老人基金、民族帮困基金、虹口区红十字会人道救助基金等十余个市区各类基金会捐资。为本区的敬老院、儿童福利院、“失独”家庭、青保办等捐款捐物。每逢过年过节，还把社区的老人、特困户请到庙里，开联欢会、吃长寿面、送礼品；给困难家庭、困难学生送上帮困款、油米素食；腊八节用专车送腊八粥到敬老院等。1991 年恢复开庙以来，在扶贫、敬老、帮困、助学等方面慈善捐助款项共计 1215.76 万余元。

下海庙的慈善之举受到了社会各界的赞赏和高度评价。在 “和谐寺观教堂创建活动”中，积极创建文明宗教场所，2007 年起连续多年被评为上海市文明宗教场所， 2014 年被评为虹口区宗教界“四个争创”活动平安和谐场所，2015 年被评为“上海市四星级文明和谐寺观教堂”，2019 年 6 月被评为“上海市 2016—2018 年度五星级文明和谐寺观教堂”。

荣誉的背后，是下海庙全体法师和职工的辛勤付出和努力！

感恩上海，

犹太老人赠8000余册藏书

陈俭

打造一座权威的“犹太难民在上海”史料研究机构，是上海犹太难民纪念馆的目标，一座集中展示犹太民族历史的图书馆将亮相于世。首批收藏的图书中，有8000多册凝聚了一位犹太老人一生的心血。

82岁的犹太老人科特·威克与上海的缘分要从81年前说起。1939年，为逃离纳粹德国的迫害，年仅1岁半的科特跟随父母和4岁的哥哥Siegmund从维也纳来到上海。为了谋生，他的父母用带来的一台缝纫机，在东大名路开了一家制作手提包的店铺，开始了全新的生活。

二战后的1948年，科特一家由英国的亲属担保，离开上海到伦敦定居。科特在伦敦完成基础教育后，继承了父母做手提包的生意。业余时间，他喜欢收藏书籍，只要是与犹太民族有关的，都

1947年4月25日，科特一家在上海的合影

科特在名单墙上找到了自己一家四口在上海避难期间用过的名字

会买来收藏。70多年来，累计收藏近万册，排满了家里各个房间的多个书架和书柜里，其中还包括很多关于犹太人避难上海的书籍。

2019年2月21日，科特和太太卡里尔（Caryl）以及女儿阿曼达（Amanda），女婿哈维（Harvey），一家4口到亚洲旅行时特地来到上海。时隔71年后回到儿时生活和成长的地方，科特感慨万千。当看到上海犹太难民纪念馆幸存者名单墙上当年自己一家四口的名字时，他非常激动，指着自己的名字高兴地说："对，这就是我。我家原来的姓氏就是Wickelholz。"

纪念馆志愿者杨艨陪同科特一家，寻访了他曾经就读的嘉道理学校旧址，还去了当时居住的东有恒路（今东余杭路）、爱尔考克路（今安国路）一带。

回忆起童年的玩伴邻居，科特十分感慨。他至今还清楚地记得自己家住在爱尔考克路口的第 3 座房子一楼，房间里当时的布置和朝北的小厨房。他说，路口第一家是老虎灶，他还保留着当时用来买热水的竹签子，第二家是犹太人在家里开的简易理发店，第四家是犹太人开的香肠肉食店，第五家住着德国来的一个很著名的拉比，而他的女儿是科特 4 岁时第一个女朋友，71 年后，她的名字他仍然脱口而出。

目睹这一切，我知道如今还能见到这段历史的亲历者十分不易，希望老人能多聊聊当年的故事，于是邀请他们共进午餐。老人听说纪念馆计划扩建并建立一座图书馆时，让我感到非常意外和震撼的是，老人竟然说自己家里收藏了上万本犹太历史文化书籍，愿意捐赠出来。“目前看来，这里是最合适的地方了。”Kurt 小声说着。原来，Kurt 前几年被查出患了肺癌，手术切除了一个肺，这次亚洲旅行的一个愿望就是想给自己毕生收藏的这些书籍找到一个合适的归宿。

我深知史料搜集的不易，送走老人一家后，又多次联系他们确认捐书事宜。按照书籍跨境流程规定，需要先报送一份书目。然而，整理近万本书对于一个80 多岁的老人来说工作量实属浩大，哪怕是安排一名志愿者去他家里帮助整理也并非易事。几个月过去了，还未得到老人的回复。就在这时，我得到一个信息，英国一个历史名城要建一座“犹太文化中心”，他们还找到我表示希望合作，

捐赠图书装箱前，老人与自己心爱的图书依依惜别

科特和妻子卡里尔在伦敦家中收到捐赠证书

同时英国伦敦的一家著名博物馆，也对犹太难民在上海的这段历史感兴趣。我更觉得落实好 Kurt 捐书事宜迫在眉睫。近万本书是 Kurt 从 20 世纪 50 年代一直到今天的全部积累，价值已经不能用金钱衡量，如果被英国方面捷足先登，哪怕到全世界去采购可能也买不到了。

我心急如焚，设想能否走特殊程序，先将书籍运送到上海自贸区保税仓库，再组织人员到仓库整理书目，发给相关部门审核，审核通过的书籍就运到纪念馆馆藏，不通过的则按照海关规定处理。

在我的奔波协调下，得到上海公共外交协会领导的鼎力帮助，开始与上海海关、上海市外办、上海自贸试验区内的一家文化产业平台公司——“自贸文投”等多方协调，终于将这一设想变为现实。

2019 年 7 月 31 日，科特珍藏一生的书籍开启了异国搬迁之旅。自贸文投第一时间派人到科特先生家整理清点图书。困难的是，科特先生年事已高，对于图书的存放管理有心却无力。自贸文投先后 4 次派人上门，终于集齐 8100 本珍贵书籍。经过两周的努力，将所有的图书装箱并存入仓库，这一刻，大家才稍稍舒了口气。

同年 12 月初，这批图书被运上了前往中国的货轮。大家满心期待的图书扬帆起航了！经过一个多月的海运，这批书籍于 2020 年大年初一抵达上海港，但受中国新年和接踵而来的新冠疫情影响，港口迟迟无法正常作业，导致船未能第一时间靠港。幸而中国疫情很快得到控制，在有序复工的第一时间，自贸文投就积极联系并展开操作，远涉重洋的书籍，终于在 2 月下旬顺利进入自贸区保税仓库，大家悬着的心终于落地。

2020 年 4 月初，纪念馆组织了一支由 10 名志愿者组成的团队进入仓库对图书进行编号整理。在自贸文投团队的协助下，仅用了两周时间就完成了繁重的书目摘录整理工作。同时为确保图书尽快完成相关进口手续，自贸文投即刻组织审读工作，并在审读完成后进行快速清关。随着新纪念馆开馆的临近，这些与上海有着特殊缘分的书籍终于送达纪念馆，安顿在它们上海的新家。

二战时期，
犹太人在虹口的生活片段

1940 年前后犹太人在上海生活照片

张林凤

第二次世界大战期间，虹口区的霍山路、舟山路、长阳路一带，曾经是接纳犹太难民的“诺亚方舟”，同时也有日本、印度、澳大利亚等其他国度的人员生活在这里。特殊的时代，特别的人们，与生活在这里的本土居民由此产生交集。每一部交集，都镌刻着历史的印迹，李阿好和周钦善就曾经是交集中的一员。

2005年李阿好在当年犹太医生住家门口拍摄

好阿姨：犹太医生救治了我丈夫

不满20岁就嫁到霍山路的李阿好，因为性格爽朗热情，做事勤快敏捷，善于与人相处，左邻右舍都习惯称她为“好阿姨”。在北外滩街道晋阳居委会干部陪同下，我又一次来到李阿好家采访，这次。是她的儿子姜忠安和儿媳宋银娣接待我的。我得知，好阿姨已于2018年7月去世，享年93岁。

20世纪40年代，好阿姨的居住地，弄堂隔壁是犹太难民住所。有一位独居的犹太老妇人，胖胖的老妇人深居简出，几乎不与外人来往。她养了一只猴子做伴，好阿姨每每经过此地，会听见她叽里咕噜地与猴子说些什么，而猴子似乎用尖细的“吱吱”声回应她。心地善良的好阿姨，从人与猴的对话中，感受到犹太老妇人的孤独和幽怨，很想给予她帮助，却因语言不通，不知从何处入手。

姜忠安和宋银娣耳熟能详的是犹太医生救治父亲的故事。好阿姨家弄堂的对面，住着一对犹太人夫妻和他们的一个儿子，这家的男主人是医生；好阿姨家的日子很清贫，她的丈夫在弄堂口摆蔬菜地摊以谋生计。丈夫老实厚道，卖的蔬菜不但新鲜货好，而且价格实惠。犹太夫妻常到地摊来买几个削皮的土豆，几根胡萝卜，几棵青菜什么的，量都不多，买卖双方就是靠手势比画着。一来二去的，遇见了就会微笑着点头打招呼。

好阿姨的丈夫经常患胃疼，有一次疼得满头大汗在床上打滚，不由得想到犹太医生，好阿姨赶紧请求开小杂货铺懂点犹太语的邻居，一起将丈夫送到犹太医生家里，请他帮忙诊治。只见犹太医生用听诊器在丈夫身上听来听去，用手这里捏捏、那里敲敲，过一会儿得出了结论：她的丈夫不是胃病，而是胆管上生了一个瘤，幸好没破裂，否则很危险。犹太医生拿出一颗鸽蛋大小乌黑发亮的药丸，叮嘱他整个吞下，没多久疼痛就止住了。犹太医生表示，明天他会到好阿姨家再给治疗的。第二天，犹太医生果然如期来到好阿姨家，察看她丈夫的病情，说是“瘤子瘪掉了”，又给配了一颗黑药丸，叮嘱继续服用。好阿姨丈夫又服下药丸，至此，再也没有“胃疼”过。犹太医生没有收取诊疗费，好阿姨夫妻对这位犹太“神医”感激不尽，无以为报，就送了一篮新鲜的果蔬，以表达感激之情。

1945 年 11 月，在虹口，一名犹太妇女试着用蒲扇生火，用这个小铁桶做的简易炉子做饭
虹口犹太区，一个男子正在小巷口查看西文指路牌，他旁边是一个中国小姑娘和坐在婴儿车内的一个可爱的犹太儿童
1945 年 11 月，虹口犹太人聚居区的一个弄堂口。

周钦善：少年犹太朋友爱遛狗

2005 年时，家住舟山路 54 弄 80 高龄的周钦善老人，清楚地记得当时弄堂里的情景。二十多户人家，只有五六户中国居民，其他以犹太人居多，还间杂居住着印度人、白俄、澳大利亚人。那时，周钦善是印染工程师，会说几句英语，20 岁的他，由此结识了弄堂里一个十二三岁名叫约翰逊的犹太少年。约翰逊经常在弄堂里遛狗，他训练的狗，可以根据主人发出的指令做出各种敏捷的动作，非常惹人喜爱。周钦善见到后，总要用英语夸奖几句。

约翰逊有了能够用语言交流的中国大朋友非常高兴，有时他们俩会在弄堂里你踢我顶地玩一阵“足球表演赛”。约翰逊告诉周钦善，家中还有父母和妹妹，他自己每天干些给人家送牛奶、面包之类的活儿，挣点钱贴补家用。

与约翰逊曾经有过的交往，成了周钦善一生难忘的往事，他至今珍藏着少年约翰逊的相片。

2002 年时约翰逊来到上海重返旧居，正逢中国的中秋节，约翰逊特地带了月饼、水果登门拜访周钦善，适逢周钦善不在家，在其他居民的指点下，他又亲自跑到社区活动室找到周钦善。当年的青年、少年都已成为古稀老人，但在战争年代苦难时期两人结下的友谊历久弥新。为约翰逊接风的酒席上，周钦善感慨地对约翰逊举杯道“久别重逢千杯爽，一朝相见情不断”。

此次，周钦善生前住地所属的舟山居委会干部告诉我，他已去世，户口注销，所以，相关信息亦无从查起。我想，他与犹太朋友的这段友谊是会被永久记录的。

文脉寻踪

WEN MAI XUN ZONG

曾记否，那些年月上海市民有“过苏州河，到虹口看文明戏”之说。依河而居的提篮桥区片影剧院比比皆是：大名、东海、国光、长治等，足以令影迷、戏迷流连忘返，意犹未尽中漫步至白马咖啡馆，点上一杯味道醇厚口感滑爽的咖啡，品味中再让剧情在脑海中播放一遍；带着惬意的满足，再到附近的霍山公园和犹太难民纪念馆，去了解这段苦难的历程，更加珍惜来之不易的美好时光。在和谐圆融的氛围中，公平路上的建投书局是更好的去处，徜徉书海中的你，也许蓦然间发现有缕缕文脉凸显。

江景伴书香

张渊

在北外滩虹口滨江沿岸，藏着一家新晋网红书店——建投书局。这家书局有着独特的志向与目标：秉承“每一个人物都是历史的缩影”的理念，致力于打造中国最好的“人物传记”主题书店品牌。而在实地踏访过这家书局后，包括我在内的书迷们获得的不仅是上述这么一个感受，它的亮点多多，且容我一一道来。

我是在疫情得到基本控制后去公平路18号的建投书局的。关闭了两个月后重新开放，北外滩边的这个书局，显得更静了，隐隐有点“治愈系”的味道。这时分“此时无声胜有声”的静，典雅之静，格调之静。半月形的穹顶依然罩盖着书架上无数的书，橙黄的挂灯、台灯、壁灯依然散发着暖色的光，“一花一书”的装帧版画依然时不时地镶嵌在这本书与那本书的空隙间。这栋四层楼的建筑，将“岁月静好”这词具象化地铺展在了人们面前，只不过，书的铺展方式是横向的，页页翻阅、徐徐打开的，而它是竖向的，立体的。经历过此次似偶发又似非偶发的“黑天鹅”疫情后，芸芸众生，茫茫嗍类，也许更该珍惜静好，更得从书中找寻独立于浇漓世道外的淡定和沉着了吧？

书在这里被布成了景，鳞次栉比，竞艳多姿，每一层，都是一道风景。沿着蜿蜒盘旋的楼梯往上走，直到最上层，豁然开朗的感觉油然而生——原来，更美的风景却还在最高层。隔着大开面的落地窗，一眼看见了窗外北外滩的江堤江岸，白云蓝天，春和景明，船舶在褶皱般一圈圈漾开的江面上滑行，缓缓地，静静地，如诗，如画。而一江之隔的东方明珠、上海中心、金茂大厦“三件套”近在咫尺，为眼前的这诗与画又增添三维般的情致。至于窗里的风景同样怡人：好书们整齐地排列，文史哲艺、名人传记，文明而优雅地暗暗较着劲，比着谁的粉丝更多。当然，这儿的粉丝是不拿荧光棒的，没有喧嚣嚷嚷的，他们唯一的动作就是捧书，并且，他们的眼里也没有歌迷的焰火痴狂，有的只是一份宁静的专注。也许，宁静的力量有时候可能比大声的热烈更大吧？而一旁

“传记咖啡馆”提供的咖啡，在书和人之间，恰到好处地担当起了媒介，咖啡的拌和着书香，芬芳在了这间看得见浦江美景的房间里，让沉浸书本多时后抬起头来的人，会产生短时间的迷离惝恍：此时此刻，我身处何方？莫非在传说中天上藏书的琅嬛仙境吗？每条船驶经这儿的水流时都会稍稍放缓，似乎要顺路嗅吸点岸上的书香气息；每个人走进这书局时都会轻轻举步，似乎怕惊扰了里面的精灵。的确，坐在这里，隔窗临江，品着咖啡的香味，读好书、名人传记，任谁都可能会浮想联翩，觉得手里的这

一册册书，就是一个个有体温、有灵性的生命体。

一千个人能够读出一千个哈姆雷特，网上有人评说浦江边的建投书局时尚、小资、文艺，还有人说它的设计像是哈利·波特的霍格沃茨魔法书院，绮丽、神奇、惊艳，而我的感觉还不仅于此，从它步步升高、层层换景的空间布局上，我似乎还品出了点“寓言”的味道。印象中的寓言通常都是借喻的、讽刺的，建投书局，却以它独特的姿态，让我读到了一个温暖版的寓言。高尔基说“书是人类进步的阶梯”；另一位大师王国维则把人生认知、学习境界高度凝练地概括为三重境界，而“独上高楼，望断天涯路”正是最高层位。高尔基、王国维所分别描绘的那两种意境，就在建投书局里化为了现实：沿着蜿蜒曲折的楼梯一路向上，最后抵达望得见江景的制高点，看见了更多的好书，被更多的书香所环绕，博尔赫斯说“天堂应该是图书馆的模样”，眼前的此情此景不是很有象征意义吗？象征是寓言的要素，建投书局在格局设计上的这份刻意或者无心，给书迷带来的心灵效应，就是充满寓意的温暖和鼓励。

坐落在江边的建投书局重又开张，开张在中国疫情得到缓解，而全球形势仍不容乐观的防控期间。尽管我们一时半会儿还不能摘下口罩，但所幸眼睛没被那层布盖住，我们仍然可以用明澈的双眸去江边看书，看书里的传奇人生，看书外的万千风景。

小贴士

小贴士：

建投书局（浦江店）位于上海市虹口区公平路18号8号楼嘉昱大厦（近星乐汇），与北外滩江滨数步之遥，共四层之高。书在高楼船在江，江景与书香交汇，沁人心脾，值得移步品味。

交通：地铁12号线提篮桥站下，往南步行约10分钟即至。

霍山公园

孙小琪

霍山公园位于虹口区东南部，大门在霍山路 118 号，靠近舟山路口，坐南朝北，是个小小的免费袖珍公园。去霍山公园，是个春光明媚的下午，门口设置了防控新冠病毒感染疫情的测温点。戴着口罩的工作人员，用测温枪在我手腕处照了照，说，进去吧，我看你刚才在门口拍照，是来看犹太人的吧。这里经常

左：2009年提篮桥社区（现在的北外滩社区）志愿者在霍山公园开展志愿者服务日活动 中：2009年提篮桥社区（现在的北外滩社区）居民在霍山公园开展文体活动 右：霍山公园居民社团活动室

有人来的，看对面的房子，犹太人以前住过的；看这里的纪念碑。碑上写的是外文，你认得外文吗？

进门右侧有中英双语的公园简介：“霍山公园面积3700平方米，始建于1917年，1918年建成对外开放，取名斯塔德利公园。20年代初公园门前辟建舟山路，园名改为舟山公园。1933年6月23日更名为霍山公园。1966年‘文化大革命’期间公园关闭，在园内建窑烧砖和挖掘防空工事，园内设施破坏殆尽，1978年整修公园，当年重新开放。30年代40年代初期，大批犹太难民来到上海避难，公园成为犹太难民活动集会的场所。1994 年虹口区人民政府在园内新建一座犹太难民居住区说明碑，供游人瞻仰。2015 年 6 月再次对公园进行景观改造，新建多功能特色廊架、紫藤花架和通透的景观亭。于 2016 年 1 月正式对外开放。”

那个特色廊架后面，就是虹口区人民政府立下的“二战期间犹太难民居住区”的纪念碑，上面分别用中文、英文、希伯来文写着，当年数万犹太人为逃避法西斯的迫害来到上海，日本侵华当局以犹太难民“无国籍”为由，设立隔离区，

霍山公园里纪念犹太难民的碑石

霍山公园内景

对他们的行动加以限制。此区域西起公平路，东至通北路，南起惠民路，北至周家嘴路。

这一片“隔离区”，当年，数万犹太人为生存而历尽艰辛，从海上从陆地铁路漂泊至此，和当地居民比邻而居，抱团取暖，同舟共济。有曾住这里的长辈告诉后人，犹太人刚来时和上海居民语言不通，有时便借助行动表达意愿。有一次，一个犹太难民病了，想学上海人喝鸡汤补养，但他不会做，就去买了鸡放在门口，邻居明白他的意思，就帮他炖了鸡汤放回去。事后，那个难民把一些饼干和糖果放在原处，表达感谢。这样互相帮助的事例还有很多，令人难忘。

随着生活的继续，他们中的许多人学会了上海话，犹太难民就这样慢慢融入本土，和上海市民结下了永生难忘的情谊。后来的几十年，他们带着一口熟稔的上海话，回到故乡，走向世界，那些铭刻在记忆长河里的上海故事，成为他们的生命刻痕。同一片天空，同一种生活，上海犹太难民纪念馆馆长说，他很想把这些两国人民在特殊时期相处的故事搜集起来，编辑出版，把这些温暖的故事留下来。

园内保留着当年的犹太难民收容所，现在是公园的办公室。为感谢二战以

霍山公园为民服务活动

前和二战期间上海人民对于犹太难民的收留。2007 年 6 月，在虹口区人民政府的支持下，以色列政府和以色列企业，专门出资参与修缮此建筑。办公室正面墙上有一块铭牌，记录了这一延续两国人民友谊的善举。

公园自初建时就设置了少量儿童游戏设施，百年沧桑，这个功能没变。如今，公园南部是儿童活动区，孩子们在那里奔跑嬉戏。边上公园的办公室内，还很贴心地设立了母婴室，方便带婴儿来游玩的妈妈。园中树木疏密有致。公园里的廊架、花架、通透亭参照了英式建筑，很有特色，几个戴着口罩的老人，坐在廊架下的长凳上闲聊。也许，他们会聊起当前的疫情，会聊疫情的危险，近百年前的战火远去了，人类正面临着新的丝毫不亚于战争的挑战。霍山公园里一片祥和，春日和煦的阳光轻拂，照耀着安宁的老人和孩子。生活是不可战胜的。

白马咖啡馆

白马咖啡馆的辛酸与浪漫

万彦

许多居住在提篮桥地区的“老土地”对位于长阳路上的“白马咖啡馆”并不陌生。一些老人至今记得，很早以前这幢楼是一家由犹太难民创办的咖啡馆。此后，为配合长阳路拓宽，这栋老洋房暂别提篮桥，

1939 年，犹太难民开设在今长阳路临潼路的“白马咖啡馆”

但它的门柱、楼面装饰等大多被保留了下来。2015 年，恰逢世界反法西斯战争胜利 70 周年，咖啡馆原址复建，并修旧如旧。随着房子“重生”，让人不禁想追问：它原来的主人到底是谁？他们究竟有着怎样的故事？

1938 年“水晶之夜”爆发后，德奥等国的犹太人仓皇逃难。科特的父亲鲁道夫·莫斯伯格（Rudolf Mosberg），带着太太和女儿先期从维也纳逃亡到上海。第二年，儿子科特·莫斯伯格也追随父母的脚步来到这里。

彼时的提篮桥社区接纳了两万余名从欧洲而来的犹太难民。他们与上海人一起生活在弄堂里，学会了生煤球炉、包馄饨，不少人还和上海邻居成了朋友。在友好的氛围下，犹太难民很快融入了当地生活，开起了杂货铺、裁缝铺、食品店、咖啡馆。在舟山路一带因为外国店铺林立，还获得了“小维也纳”的美誉。莫斯伯

格一家也很快适应了在上海的生活。他们在长阳路上开了一家咖啡馆，并取名“白马”，这自然是出于一家人对于轻歌剧《白马旅店》的喜爱。

《白马旅店》原本是由奥斯卡·布鲁门萨尔以圣沃尔夫冈创作的一部浪漫爱情喜剧。1897 年，戏剧在柏林首演，并大受欢迎。1926 年，《白马旅店》被制作成轻歌剧，再度走红舞台，并获得了更大的成功。它被翻译成多国语言，来到了巴黎、维也纳、慕尼黑巡演，甚至还登上了纽约百老汇和伦敦西区这两个戏剧演出高地“试金”，仅在伦敦西区，轻歌剧《白马旅店》就创下了连演 651 场的纪录，从此成为了一部经典之作。二战前的维也纳街头还开有以白马命名的咖啡馆，可见这部轻歌剧在当时受欢迎的程度。

能在异国街头开一家带有家乡印记的咖啡馆，对当时在上海的犹太难民来说，正是寄托了思乡之情。只是，莫斯伯格一家有所不知，就在他们在上海躲避乱世之时，远在欧洲，他们所喜爱的轻歌剧《白马旅店》因主创人员中有犹太人，早已遭到纳粹封杀。

舞台上，战乱中的欧洲没有了“白马”带来的欢乐；舞台下，“白马”却以另一种形式，穿越了大陆和海洋的阻隔，在上海延续着浪漫传奇。

也许是咖啡馆取名“白马”的缘故，这里袭承了戏剧里的浪漫。不少漂洋过海而来的犹太难民在白马咖啡馆里与心上人邂逅，在这里举办婚宴，又带着

白马咖啡馆内景

下一代来这里享受天伦之乐。一个个犹太人家庭在这里萌芽，在上海生根。

“白马”的浪漫魔法也给莫斯伯格家族带去了生机。在白马咖啡馆当服务生的女儿赫塔·莫斯伯格，在店里结识了前来店内就餐、同为难民的赫尔曼·克令格尔（HermannKlinger），两人很快坠入爱河、结婚生子。

而上海，对科特·莫斯伯格来说则更像是“爱情疗伤”之地。原来，当年他在家乡有一位名叫莉莉（Lilly）的恋人。然而，纳粹阴影之下，科特要赶赴上海和家人团聚，莉莉则要和家人前往澳大利亚避难。战争让他们黯然分手。科特来上海后，考取了美发证书，并开了一家美发店。他在上海再次邂逅爱情，婚宴自然也选择在自家的白马咖啡馆里举行。

战争结束后，莫斯伯格一家告别充满回忆的白马咖啡馆前往澳大利亚。没想到，一个偶然的机会，科特·莫斯伯格竟然和莉莉在澳大利亚重逢。只是，此时两人早已各有家庭，一切“发乎于情，止乎于礼”。直到多年后，科特和莉莉各自的伴侣相继离世。当时已 80 岁高龄的科特向当年的恋人莉莉求婚，让这段被战火烧断的恋情得以再续。

二战结束后，轻歌剧《白马旅店》不仅重回舞台，而且还不断被翻拍成电影，成为了一部跨界剧作。如今，奥地利圣沃尔夫冈的白马旅店依然吸引着南来北往的旅客，而上海的白马咖啡馆则根据莫斯伯格家族后裔提供的老照片，于 2015 年按历史原貌进行了复建。

“白马”的浪漫魔法从不爽约，只是有时会来得迟一些。

东海电影院成追忆

蔡小鸥

如果说，上海是中国电影业的发源地，那虹口则是电影院的盛产地了。20世纪30年代，全市共有60余家的影院，虹口竟拥有半数以上。2019年8月13日，在上海海派文化中心展出的30年代虹口影院的地图上，“有名有姓”地标注了32家。

影院集中地，除了海宁路著名的“四大金刚”、四川北路的“一条龙”，还有北外滩提篮桥一带，也簇拥了“大名”“东山”“东海”“长治”“国光”等多家。而“东海”则算是这一带影院的老大哥了。

东海电影院，初名东海大戏院。地处茂海路11号（今海门路144号），由程树仁、吴茂保等发起招股租地建造，于1929年2月1日开幕，首映卓别林主演的《马戏》。30年代初期，影院投资入股联华影片公司，1934年在院内拍摄了中国第一部真正意义上的有声影片《桃李劫》，有对白和音乐。由田汉作词、聂耳作曲的插曲《毕业歌》也因此而跨世纪地流传。1940年业务不景气，先后请过越剧团、魔术团、滑稽剧团等演出。“东海”也是以色列难民活动场所：1940年的逾越节，以色列难民举行标准的改革派宗教仪式；犹太艺术家H. 马戈林斯基在此指挥过爱乐音乐会。1943年冬，“上海音乐家协会”在“上海阿兹肯纳齐合作救济会”的资助下，举办过一场募捐义演。50年代初期，人民杂技团、周信芳京剧团也曾被邀演出。1954年7月1日，公私合营改名东海电影院，1966年更名为红色电影院，1977年恢复原名。

1990年12月26日，因危房停映。虹口区文化局和上海市电影发行放映公司分别投资对影院推倒重建，新建筑面积为5100平方米，作为综合性的娱乐场所，设有530座位电影厅（单人座350座、双人座150座位、豪华座30座）、180座豪华型交际舞厅、70座豪华座位的海波多功能厅、3只标准台的弹子房、

4 只标准台的桌球房、游戏机房、咖啡室、商场以及商住房等。于 1994 年 10 月 1 日起试营业。

1995 年 10 月被评为三星级影院。2003 年 11 月，由上海福临东海沐浴有限公司注册，改建为福临东海宾馆大浴场。

昆明路居民 T 先生，是个 50 后老影迷，光临最多的影院就是附近的“东海”。小时候，除了由学校组织去看过的《宁死不屈》《地下游击队》等影片外，他还会节省下零用钱，花 1 角钱去看一场周日的学生场；在学期结束变卖书本得到一点小钱后，也会带着弟弟看 5 分钱一场的早早场，有动画片《半夜鸡叫》《英雄儿女》等。改成浴场后，影院还被保留着。T 先生说，洗好澡去看看电影，影视厅前面是坐椅，后排设有躺椅。看着看着就睡着啦，醒来再接着看，很休闲。晚上还有唱歌、滑稽、相声等节目。价格也比较实惠，包房 12 小时也仅需 50 元，另有台球、网吧、棋牌室、KTV。菜馆等吃喝玩乐一应俱全！但是，不知啥原因，浴场层层转让，矛盾纠纷不断。

2016 年的 5 月，我走过海门路，“东海”影院还“健在”，2020 年 5 月，我又来到这里，“东海”已是“绿海”的街头花园。街沿停着一排溜脚踏车。

舟山路居民W先生说，花园很美，他每天都要来散步遛狗，与朋友吹吹牛皮，偶尔看一场电影，可以去新建的“白玉兰”呀。他欣喜地说，后面的老房子也将拆除，这片区域还将建造一栋浦西最高楼呢。而居住海门路70年，并在自家门面房经营着一家锡箔店的L先生，却颇有微词道，环境是变好了，但是人气也不足了。过去的晚上是万家灯火，现在却是幽幽鬼火。

北外滩正值蓬勃发展，人们的感受各不相同，但一定会变得更加美丽。如把往事酿成一坛“回忆”，留待N年后细细品尝，一定是透着丝丝甜蜜。

小贴士

小贴士：

“东海”旧址，对着12号地铁站，与长阳路上的摩西会堂隔路相望，处于下海庙正门前方。那里曾是以色列人居住活动的区域，保留着很完整的老建筑群。

远去的百老汇大戏院

朱亚夫

百老汇大戏院纪念铭牌

岁月最能回味，往事也堪回首。今天霍山路 57 号的百老汇大戏院旧址就是一座颇有故事的老建筑。

别以为“百老汇”是一个老年人汇聚的地方，百老汇（Broadway）原意为“宽街”，是指纽约市中以巴特里公园为起点，由南向北纵贯曼哈顿岛，全长 25 公里的一条长街。以后，因为在百老汇大街上汇集起了众多遐迩闻名的剧院，使“百老汇”成了世界戏剧艺术的象征和代表。其实，虹口与百老汇也有渊源：东大名路原名就是百老汇路，百老汇路头的上海大厦原名是百老汇大厦。历史上，这里是东方百老汇的发源地。1930年9月18日，在百老汇路（今东大名路）11号，由美商奥迪安大戏院公司投资的百老汇大戏院隆重开张，首映《璇宫艳史》，由德国著名演员、导演恩斯特·刘别谦执导。他采用后期配音法，并充分调动电影手段，创造出“电影歌剧”，在影坛轰动一时。影片歌舞优美，场面豪华，风格轻松，在第二届奥斯卡金像奖评选期间获6项提名：最佳影片、最佳导演、最佳男演员、最佳摄影、最佳设计和最佳录音，百老汇大戏院由此走红沪上。

我们走近百老汇大戏院，原来它并不高大巍峨，是一幢通体乳白的三层西式楼房，建筑正面有三大块精雕细刻的窗饰，分外醒目，远远望去，颇有一种优雅的欧洲古典风格。从1940年起，百老汇大戏院先后由上海电影业老板季固周与人合伙经营。二战期间，数万欧洲犹太难民为逃避迫害来到上海，聚集在提篮桥地区，由此百老汇路、舟山路一带成为繁华的商业街，这里汇聚着众多的小型服装、面包商店，酒吧、咖啡店更是鳞次栉比，号称“小维也纳”，舟山路等地也被犹太人称为“诺亚方舟”。

犹太难民中不少人受过艺术熏陶，其中表演艺术家就有数百人，当时他们

情定百老汇

虽然身处至暗时期，但是他们向往光明，以犹太人的聪明才智苦心经营着艺术的氛围。据摩西会堂的讲解员介绍，当时犹太难民租下了百老汇大戏院顶层，重新装修，配上凉亭、餐座、红花绿草，一下子脱胎成了体面的屋顶花园餐厅（Mascot Roof Garden）。这里经常人头攒动，咖啡飘香，犹太艺术家常常在此举行音乐会。每逢节假日，也举办派对，还有

百老汇大戏院

乐队伴奏，场面热闹非凡。有一张老照片就反映了当时屋顶花园的盛况。这里甚至还举办过一次“上海小姐”选美竞赛，屋顶花园的名气由此到达了鼎盛。20世纪90年代，曾经回访上海的老音乐家列文斯基，来到屋顶花园的原址，感慨颇多。当年他也曾在这里演奏过的，他说：“哈，这还真是一场像模像样的音乐会，当时上海的犹太难民里，差不多300人有专业演奏家的水准。他们中的大部分来自维也纳，据我所知有至少3人在金色大厅表演过。”我们看到百老汇大戏院的大门旁，有两块醒目铭牌，黑色的上书“百老汇大戏院旧址”，白色的写着“罗伊屋顶花园餐厅”，下有说明：1928年建造，装饰艺术派风格，二战时期是隔离区域内犹太难民最大的消夏处。

新中国成立后，百老汇大戏院改名东山大戏院，一度改为东山影剧院。60年代初期曾易名红艺影剧院，1987年6月改建为二层双厅多功能娱乐场所，楼厅为530座影视厅，前面为桌球房；底层为可容纳180座的新型歌舞厅，取名“百老汇舞厅”，安装音响和中央空调；1988年，上缴税利百万元，曾多年荣获上海市“文明舞厅”称号；1994年初，与德国中外合作经营，底层易为餐厅，二楼为迪斯科舞厅和KTV包房。

最近，我重游百老汇大戏院旧址，历经沧桑的旧址在和煦的阳光下，闪烁着斑驳的光影，显得苍老和落寞。据悉，就在旧址不远处的东大名路上将诞生一座崭新的音乐剧院——“上实”中心剧院，将持续上演百老汇音乐剧，世界戏剧音乐艺术将在历经岁月洗礼后重新焕发出耀目光辉。该剧院设计理念为“会发光的珍珠”，外立面采用通透玻璃幕墙加镂空铝板设计，内部演出厅部分可发出优雅灯光，呈现出一种水晶盒子内放置一颗璀璨明珠的美妙观感。坐在这里，你将会享受真正的音乐大餐！

小贴士：

百老汇大戏院旧址位于提篮桥历史风貌区保护区中心，周边有犹太难民纪念馆、白马咖啡馆、远东反战大会旧址、霍山公园等人文名胜。

交通：公交车 13 路海门路下车，37 路提篮桥下车，地铁 12 号线提篮桥站 1 号口下车。

国光剧场的变迁

王坚忍

1930年，位于东熙华德路（今东长治路550号）、永定路转角处有一家国光大戏院，不过那时的名字叫普庆大戏院，开始动工，翌年建成了一座三层楼的英式剧院，却迟迟不能开门纳客。为什么呢？原来是院主永明影戏有限公司与建筑承包商鲁创营造厂之间，因工程质量和结算等事发生纠纷，打起了官司，一打就是好几年。官司刚结束，“八一三”淞沪战争爆发，一群端着三八大盖的日本军人，横冲直撞地闯了进来，野蛮地强占了戏院，竟改建成了一家日本洋行，经商所得的资金资助日本侵华战争，残害吾国吾民。说到底，普庆大戏院徒有虚名，却没有开过一天业。

抗战胜利后，国光大戏院被作为敌产被国民党后勤部接受。1945年末，由业主奚德身之子奚耀安，向国民党军政部申请发还。1946年，奚耀安与姜衍等40余人集资1.4亿元，组成国光大戏院股份有限公司。内外修葺一新后，同年12月16日正式开映。首映片为国产片《警魂歌》，导演汤晓丹。之后，以放映欧

曾经的国光大戏院

美影片为主。因营业不佳，1949 年 9 月起，改演舞台剧。1956 年 1 月公私合营，改名为国光剧场。1966 年后终止演出 10 年。其间曾做过烟糖公司仓库，东长治路地段医院。仓库的烟糖香味与医院的酒精味，轮流弥漫于其间。

1977 年，国光剧场开始大修，1978 年 9 月竣工，演出戏剧兼映电影。1979 年 7 月起专映电影。

1987 年初，国光剧场交付虹口越剧团使用和管理。底层设录像厅，二楼设歌舞厅、咖啡厅、餐厅，三楼设桌球房，成为一个多功能的娱乐总汇。1989 年 10 月 1 日正式对外营业。

虹口越剧团成立于 1979 年。1980 年，由越剧知名小生陆锦娟主演的《盘夫索夫》，连演 60 余场，一票难求；1982 年，尹派小生尹小芳加盟，她主演的《沙漠王子》，精彩绝伦；1982 年 11 月，肖雅、韩婷婷等人，从戏校培训后进入剧团，很快脱颖而出，成为出色的新秀，连连获奖。尤其是肖雅，曾一时声动上海滩。韩婷婷后来成为虹口越剧团团长。

1993 年 1 月 1 日，国光剧场与台湾玄益企业有限公司进行沪台合作，组建上海维多利亚娱乐有限公司，由台方投入资金，进行第三次改建，加建了第四层。一楼餐厅，二楼舞厅，三楼 KTV 包房，四楼归虹口越剧团使用，320 平方米。同年 12 月 12 日正式开业，国光剧场改称“维多利亚俱乐部”。

国光剧场改建为维多利亚俱乐部

国光大戏院电影海报

虹口越剧团有了自己的排练场地。排练是很提神的，单皮鼓一击，檀板一敲，起个头，在婉转流利的江南丝竹的伴奏下，姑娘们轮流练习越剧唱腔，或甜美缠绵，或洒脱流畅，或高亢清亮，真的是荡气回肠啊，这样的场面甚是动人。

2009 年，在上海被称为“北外滩牵手陆家嘴”的新建路隧道试通车，之前，在东长治路北面的新建路，因隧道工程穿过东长治路，再冲过原来在东长治路南面的永定路，并把这条路也纳入了新建路，一骑绝尘，直通浦东。2011 年出版的虹口区地图，永定路永远消失了。

2013 年，因地块改造，国光剧场原址上的维多利亚俱乐部被拆除。

（参考资料《虹口区文化志》《虹口电影史料汇编》）

长治电影院

王坚忍

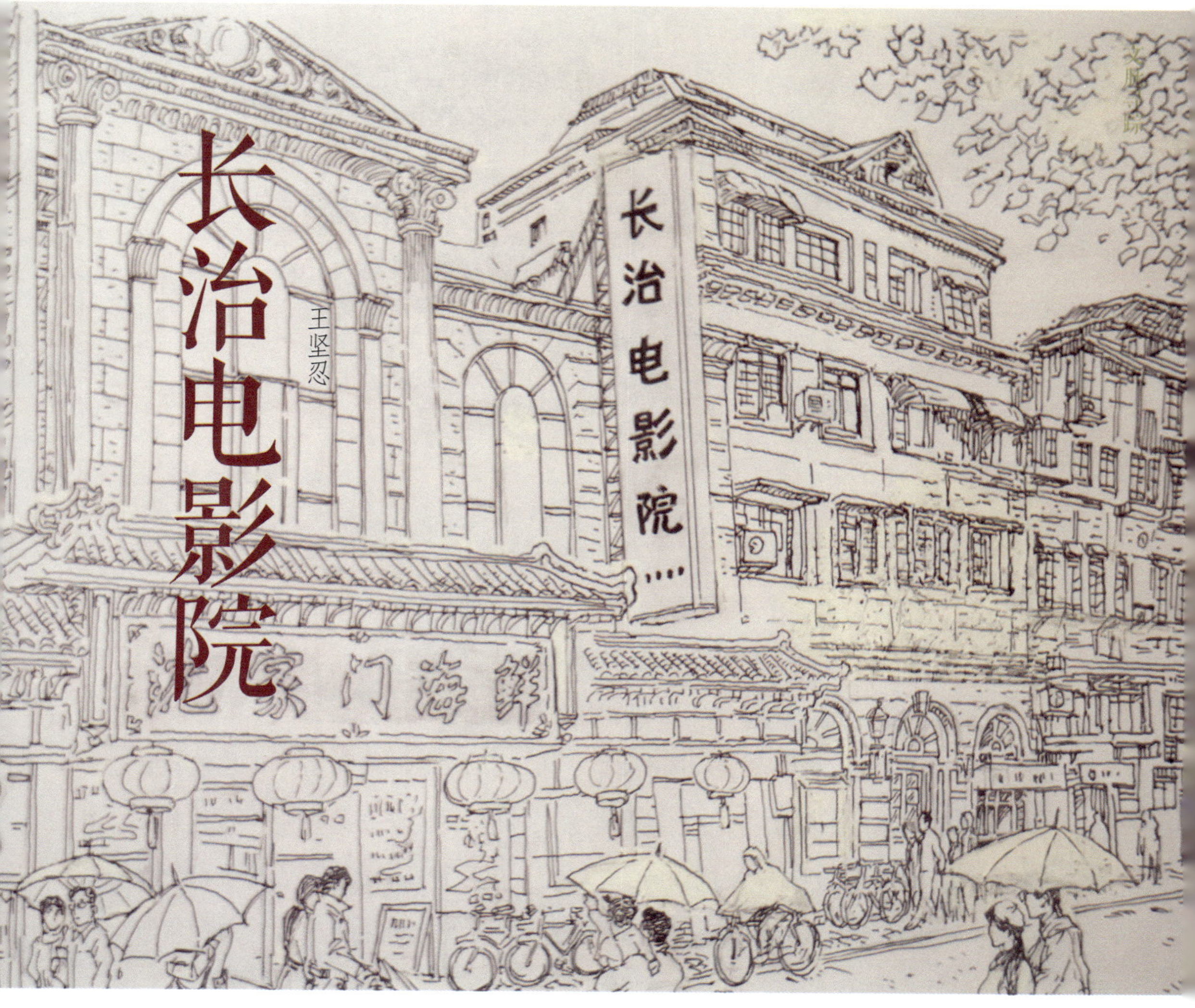

当年华德大戏院的海报

虹口是中国电影的发祥地。虹口的影剧院至 1952 年竟有 32 家之多。零星的不说，主要有三大块：提篮桥块、海宁路块、四川北路块。长治电影院与同处一条东长治路上的国光剧场、东大名路上的大名电影院、海门路上东海电影院，一起组成了提篮桥块。现在，我们来细细说说长治电影院。

东长治路历来为一条繁华的商业街。长治电影院始建于 1932 年，那时候叫华德大戏院，地址为东熙华德路（今东长治路）310 号，也就是在今天东长治路的西段。我看到过一张抗战后的华德大戏院位置的手绘图，它处于东长治路南面的上街沿，戏院的西面是上海渔会，向东面走过去 60 米，向右拐弯便是旅顺路。

华德戏院的老板王时新，戏院1933年2月开映，上映欧美片《东行艳异记》。电影是主业，副业是上演歌舞、滑稽戏剧。抗日时期停业，改为中华水产冷藏仓库。这些年，东熙华德路西段的马路上，时不时有装着鱼腥味浓浓的卡车驶过，一盘盘冰冻成团的海鲜被卸下后进入中华水产冷藏仓库。抗战胜利后的1946年9月，由匡宝荣等6人各投资1000万元（法币），将冷藏仓库合伙租赁下来，计划复原为电影院共同经营。翌年1月21日开幕，观众座椅1184座，上映第一部影片《天方夜谭》，这是一部美国电影，曾获奥斯卡提名奖。

上海解放后，匡宝荣因反革命罪于1950年4月27日被依法逮捕，其占六分之一股权由市军管会宣布没收。这说明新生的人民政府善恶分明，匡宝荣罪有应得，股权归公，其他五位经营者守法，股权保留，继续营业。

1953年，华德戏院由市文化局接收，同年7月1日公私合营。1954年1月改名长治电影院。60年代曾一度改名延安电影院。其时，提篮桥块除国光大戏院外，大名电影院改名为红卫电影院，东海电影院改名为红色电影院，直至这段特殊时期结束，长治等电影院又改回了原名。

1982年10月，长治电影院改为长治立体宽银幕电影院，这是上海继东湖电影院后的第二家立体电影院。

1993年4月起，长治电影院停业改造，按三星级电影院标准，设有单人、双人、包厢共324座的电影厅，还与东海企业联合公司沪西分公司联营米高梅大酒店，面积从1400平方米增加到2800平方米。同年9月4日开幕。我看到过一张90年代中期的照片，长治电影院左侧底层，为沈家门海鲜，这表明米高梅大酒店已退出经营，让位于当时号称“天天空运海鲜”的沈家门海鲜连锁店了。长治电影院的主业，已现衰退之势。

2011年，为配合建造地铁12号线，东长治路拓宽，长治电影院被拆除。前些天，我去过拓宽后的东长治路西段，我看到长治电影院的原址，一半成了拓宽的路面，一半成了上街沿，那上街沿每隔6米，就栽种着一棵梧桐树，一棵棵蓊郁的梧桐树连在一起，就成了街面上的一片清凉的绿荫。

（参考资料《虹口区文化志》《虹口电影史料汇编》）

杨绛在华德路小学

张林凤

杨绛先生晚年自述生平大事，有1932年7月至10月在华德路小学任教的一段经历。华德路（WardRoad）即现今的长阳路，我查询华德路小学确切地址过程中，寻访到褚后杰老先生。褚老说，华德路小学曾经在如今长阳路提篮桥监狱的马路对面，他曾于1934年至1935年期间，在那里上学到高小毕业。

褚后杰讲述当年的华德路小学

出生于1921年12月的褚后杰老先生，精神矍铄，思路清晰，讲话流畅。他说之所以对华德路小学印象深刻，是因为当年他上课教室的窗口就对着提篮桥监狱的大门，每天下午三点多钟，是家属探监和犯人放风的时间，他从教室窗口能看见边门里面穿红色囚衣的犯人，还有英国人的狱警。只是“八一三”淞沪战争爆发后，他奔赴浙江参加抗日救亡，对学校以后的情况就不得而知了。

褚后杰的回忆映射出这里的沧桑变故：当年这里除了二层楼上课的教室，还有好几幢洋楼，做教师宿舍，校长也住在洋楼，还有实验室之类的；教室与洋楼之间是一个大操场，教室是从两边的楼梯上去的。学校的大门对着华德路，但这只是一个有校名的门楼，进去后有一道真正意义上的校门进入校区。曾几何时，褚老先生故地重游，发现这里的洋房拆除了，操场上造起了居民住房，当年他们上课的二层楼教室变为四层楼的居民住房。为此，我又采访学校属地的舟山居委会主任吴鹿娣，她所了解的情况是，褚老先生指认的对着提篮桥监狱的教室，是长阳路138弄4号5号，原来是二层楼，后来加层成为四层楼，但哪个年代加层的并不知道，而里面的138弄9号10号楼房是1958年建造的，吴主任说的这两点印证了褚老先生记忆的准确。

褚后杰清楚地记得，华德路小学当时的校长是教育家雷震清，教师多半是从南洋聘请来的。他们的班主任兼语文老师章印丹是印尼华侨；音乐老师裘梦痕是在法国小学任教的知名音乐家，每周到华德路小学来上音乐课；他还记得，陈鹤琴、陶行知、钱君匋等人到学校做过爱国教育和抗击日本侵略者的励志演讲。学校的设施很好，统一的课桌椅，桌面是木板的，桌子架构是铁的，而且桌面上有可翻起的板用来制图绘画。学校除了上语文、数学，还开设历史、物理、音乐、美术、体育等课程，四年级学生开始学习英文。

我的朋友陈庆是陈鹤琴的孙女，她撰写的《陈鹤琴与上海教育》一书中有相关章节：1928年—1939年在陈鹤琴主持下创办的小学和中学，其中就有华德路小学，创建于1932年，地址在华德路138号，1937年“八一三”淞沪战争爆发，学校迁至公共租界西部临时校舍，1940年迁址延平路301号，后为延平路小学。书中还特别举例：“华德路小学聪明好学的学生陆陶，报考学校时获准插班，后又两次获得跳级，

华德路小学旧址

小学6年的课程仅用了3年半，曾被评为‘模范儿童’。”。陆陶后来回忆说：自己成长得益于学校管理的激励机制，得益于学校使儿童“乐学”的环境。

我又在文友协助下，在静安区档案馆查阅到1994年12月由静安区教育局编撰的《静安区各级各类学校校史简编》，其中对华德路小学是这样记载的：延平路小学创办于1932年，原名华德路小学，校址在今虹口区境内，校长是英国人雷震清。1937年，淞沪抗战爆发，迁校康定路金司徒庙街（今万春街），改名康定路小学；1939年迁至延平路301号，改校名为延平路第三小学；1945年抗战胜利后，学校由国民政府接管，改名为延平路国民小学。1949年，上海解放后，由军管会接管，改名为市立延平路小学。直至1988年，因简陋危房修缮后改为他用。

至此，华德路小学的前世今生基本有一个大概的脉络，而我在编辑“虹口文史”时，也涉及过华德路小学，那是在2014年7月10日的《虹口报》上，根据《中共上海市虹口区历史大事记》编撰的“中共在虹口的早期活动”，提及1930年成立中共虹口支部时，也有华德路小学的教师参与，时间上比教育史料上的早了两年，可能年代久远，记忆上的误差。

可以肯定的是，华德路小学最初创办于虹口区长阳路138号，而创立之初，杨绛曾在学校任教过四个月。

幼教园地的一朵金花

——东余杭路幼儿园

何靖华

虹口区东余杭路幼儿园是上海市示范幼儿园，1956 年创办于东余杭路 420 号。2019 年迁入通州路 355 号，占地 7786 平方米，建筑面积 6889 平方米，绿化面积 3224 平方米，设有 8 个幼儿活动主题馆，15 班规模。园内设施齐全，环境优美，富有童趣。

幼儿园创建初期

自建园伊始，东余杭路幼儿园就十分重视家庭、幼儿园同步教育。1958年“大跃进”时期贯彻为生产服务方针，延长幼儿在园时间，取消寒暑假，在区内率先开设寄宿班，广受家长欢迎。1959年全园推广普通话教学。从小班开始逐步做到“会听、会说”，大班教学拼音字母，十分重视儿童语言能力的培养。教学内容包括体育、语言、常识、计算、音乐、美术、游戏等课程。1962年依据《幼儿思想品德教育大纲》要求，对幼儿进行思想品德教育和培养良好的行为习惯，初见成效。

1976年，东余杭路幼儿园在注重幼儿全面发展的基础上，研究幼儿“语言”教育进行“听、说、读”的初步训练（听故事、讲故事，看图说话，阅读幼儿读物等），让孩子在“阅读”中识字，在“游戏”中学习语言，逐步积累经验，形成了办园特色。他们在教学实践中培养青年教师的经验曾在全市幼教会上介绍，获得好评。

1982 年，为实施上海市《幼儿园教育纲要》，该园被确定为虹口区示范幼儿园。在语言、游戏教学和家庭教育方面发挥示范作用，并在全市做了交流。幼儿园针对家庭独生子女教育出现的问题也有创举，在时任园长卢逸明主持下建立“家长委员会”、开设“妈妈指导”站；举办教育讲座、接受家教咨询；召开不同类型家长会、发放《家园联系手册》。家园联手举行运动会、观摩会和每周“开放日活动”，出版《家园通讯》等，强化了幼儿园与家庭的配合。数年后取得显著效果，卢逸明于 1989 年被评为全国优秀教师和教育工作者。

改革开放后，时任园长李惠澄采纳“家委会”提议：由家长集资买乐器、

家庭教育知识竞赛

教师、孩子和家长举办户外活动

幼儿园教师合影

老师负责指导，千方百计办起电子琴、古筝、钢琴、舞蹈、儿童画等兴趣班，开始了幼儿艺术教育的尝试，获得丰硕成果。李惠澄先后被评为上海市劳动模范、特级教师。

1992 年，全国幼儿家庭教育研讨会代表专程前来考察。代表们听取介绍和观摩各项活动后，用“三个想不到”给予高度评价：想不到东余杭路幼儿园办得这么好、想不到家庭教育搞得这么丰富多彩、想不到你们的办园条件这么差……1993 年 5 月，市教育局领导及各区分管教育领导来园参观，称赞该园是虹口幼教园地的“一朵金花”。

香港学前教育专家赵钧鸿女士也曾专程来东余杭路幼儿园交流幼教改革信息，并为全区幼儿园园长做学术报告。那是 1996 年，在时任园长张建平主持下，该园学习和借鉴香港学前教育经验，以构建“幼儿探究行为”为主线，开展“培养幼儿探究行为（原则、方法、策略）”的教学研究，设计教育活动案例并实施，汇编成《学前教育新方略——幼儿园区角活动的实践与思考》一书。在加强教师专业培训和开展教育教学研究与实践方面又有了新进展。

进入21世纪，东余杭路幼儿园秉承“创设优良环境，追求优质教育，促进和谐教育”的宗旨，以“人格与体格相融、智力与能力并重、个体与群体相宜”为核心，努力构建“儿童文学整合教育活动”的园本课程，进行探索与实践。承担市级课题《以文激情，提升幼儿文明素养——幼儿文学整合教育活动的研究实践》《走进绘本，亲子共读家庭教育指导的实践与发展》等。出版《点亮童心——幼儿园文学整合教育成果集》。时任园长陈定儿曾先后荣获全国教育系统劳动模范、上海百位杰出女教师、特级教师等称号。

2012年开始，在瞿菁园长主持下，将共性课程与特色课程相融合，形成《幼儿园园本课程实施方案（2014）版》。使阅读更适合孩子学习特点，更有利于孩子养成良好的阅读习惯，并在阅读中体验快乐，促进全面和谐发展。与此同时提升了教师队伍的专业素养、实践能力。瞿菁园长被评为上海市“一二五”家教指导优秀管理者。

建园60余年，东余杭路幼儿园先后获得全国“教育系统先进集体”“模范职工小家”、上海市“三八红旗集体”“劳动模范集体”“家庭教育指导实验基地”“托幼机构保育工作先进集体”“教育系统巾帼文明岗”等荣誉称号。

上海中西医医院简史

徐家俊

加层后位于长阳路的原虹口中心住院部

上海中西医医院位于北外滩的保定路 184-230 号。其前身可以追溯到 1924 年，当时上海公共租界工部局分别在老靶子路（今武进路）和吴淞路建有“华捕”医院和“印捕”医院，这两座医院设备简陋，条件较差。为此，工部局于1929年在华德路（今长阳路）197号重建巡捕医院，耗资40万银圆，由上海成泰营造厂承建，1932年竣工，同年10月启用。这是一幢钢筋混凝土结构的楼房，楼高8层，建筑面积5000多平方米。启用时，把原先的“华捕”和“印捕”医院一起并入，行政上属公共租界工部局卫生处管辖。巡捕医院与提篮桥监狱的部分建筑的外墙为同一砖块、同一色调，两者仅一墙之隔。

上海巡捕医院首任院长为英国人，后任院长还有美国人、意大利人、德国人、日本人。医院主要任务是负责对华籍、印籍巡捕（警察）的体检、治病，同时还对公共租界各巡捕房和提篮桥监狱的部分犯人进行治疗。1937年8月，提篮桥一带战火激烈，8月27日清晨4时许，巡捕医院被一发炮弹打中，情况危急，医院被迫迁出，几经周折迁至育才公学校舍内。战事平息后，巡捕医院迁回华德路旧址。1941年12月太平洋战争爆发，日本人独占上海公共租界，由日本人永进通医师率人接管医院。1943年，日伪政权统治时改名为上海市特别警察医院。1945年9月，改称上海市警察局警察医院，院长唐仁缙，自此医院业务始有发展。警察医院本部设立内、外、眼、耳鼻喉、皮肤、神经精神病，X光电疗共七科。医院各楼层分布：一楼东部妇产科，西部眼、耳鼻喉科及外科之一部；二楼为内科（神经精神病科）；三楼为内科（肺结核、心脏病等）；

1976 年，虹口区中心医院医护人员赴唐山抗震救灾

提篮桥监房内景

四楼为外科（含皮肤科）；五楼是犯人病房，分男、女两个大病房，上海解放前夕，该处曾秘密押过不少共产党人及爱国人士，成为特种监狱，其中有茅盾的战友、彝族女革命家秦德君（解放后任第二至第七届全国政协委员）、原国民党首届立法委员民革常委王葆真（解放后曾任河北省政协副主席）等。当时，他俩都被判处死刑，在各方人士的鼎力营救下暂未执行幸免于难，1949 年 5 月在警察医院内迎来新上海的曙光。

1949 年 5 月 27 日上海解放，6 月 2 日上海市军管会派出以朱伟为首的 10 人小组接管原上海市警察医院，并对医院进行清理、整顿、改造，医院改名上海市公安局警察医院，解放初期也临时收治过部分病犯。1951年初，警察医院改为上海市公安局公安医院，主要为公安干警服务。不久医院扩大规模，先后增设了二个分院和三个分诊所，其中市公安局原绍兴路门诊所为公安医院第一分医院（简称一分院，1953年7月撤销），提篮桥监狱医院为公安医院第二分院（简称二分院）。另将位于保定路230号的保定大楼（原公安干警宿舍）改建为医院的内科、儿科病房和门诊部，同时还在市郊虹桥开设疗养院。至1954年全院共有病床640张，职工460多人（其中医务人员260人，均含各分院）。1954年8月，在上海市第二次人民代表大会上，上海市市长陈毅为医院题词："为人民警察服务是光荣的"。1956年1月医院改名为上海市公安医院。

从1957年11月起，公安医院由上海市卫生局接办，有关疗诊所划出，公安二分院改名为上海市监狱医院（今上海市监狱总医院）。1958年初，公安医院正式向社会开放。为整合全市的医疗力量，同年9月，又并入上海市金融工人医院。次年4月，上海市公安医院正式更名为上海市提篮桥区中心医院。随着上海行政区划的调整，虹口区与提篮桥区合并，医院定名为上海市虹口区中心医院（简称"虹中心"）。 1976年后，"虹中心"进入了科学管理和迅速发展时期，1986年长阳路大楼加层大修，使医院的住院条件，院容、院貌均有改善发展，成为具有中西医结合特色的二级甲等综合性医院。此外，还是上海市中医药大学和安徽蚌埠医学院和江西宜春学院医学院的教学医院。1994 年 5 月，上海市虹口区中心医院更名为上海市中西医结合医院，是年取得中西医结合系列三级甲等医院资格。2007 年，被卫生部中医药管理局和国家发改委批准为市中医条线唯一地市级以上国家重点建设中医医院。

2000 年 10 月，上海市中西医结合医院又在保定路 184 号，新建的 12 层高的新病房大楼奠基，2002 年 12 月竣工。大楼 13 层（地下 1 层，地上 12 层），总高度 62.7 米，总建筑面积 1.7 万平方米。2005 年 3 月，长阳路 197 号医院病房楼改建启动，2006 年 4 月竣工，大楼移交虹口区疾病预防控制中心和区卫生局卫生监督所两家使用。近期，医院又在原有基础上增建大楼部分建筑，在长阳路 303 号开设了一座大门。目前中西医结合医院已拥有 1 个全国医疗中心，3 个上海市医疗中心，2 个上海市领先医疗特色专科，4 个虹口区医疗品牌建设专科，另有特色专科 10 多个。核定床位 446 张，职工 800 余人，其中正副主任医师及博士后等研究生共60多名，20多位专家享受国家和地区的政府特殊津贴。医院坚持“业贯中西、博采众长、特色创新、精诚奉献”的办院宗旨，获得国家、卫生部和市局级科研成果奖 20 多项，并多次荣获国家级、卫生部级和上海市级重大医药科研成果奖。

我记忆中的惠民路120弄

叶令

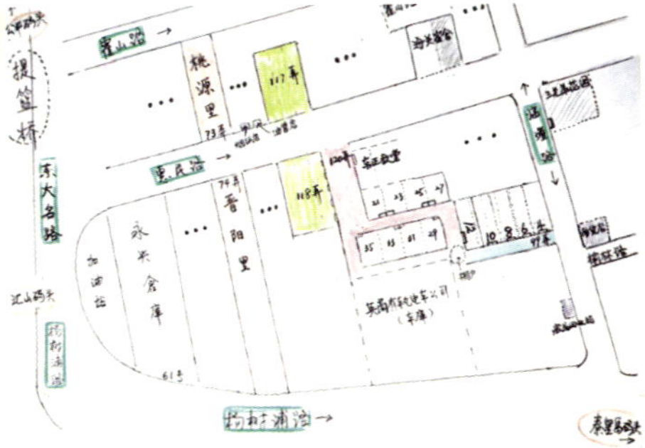

惠民路一带手绘地图

惠民路一角

上海有数十条“永不拓宽的”道路，从杨树浦路到临潼路这一段的惠民路就在其中。我们家从抗日战争胜利后就住在惠民路120弄，将近住了50年，如今的我虽年届八旬，但那些年在惠民路120弄的所见所闻，常会清晰地在脑海中浮现。

我小时候住的惠民路120弄，弄内的二三楼内阳台是敞开式的，内阳台的内壁是刷了乳白色涂料的鹅卵石，外墙也是鹅卵石的，百叶窗和窗框都是绿色的，没有从窗户伸出的晾衣架，衣被是晾晒在院子里的。整条弄堂看上去很美且协调。

距离120弄不远处就是赫赫有名的永兴仓库。仓库前门在杨树浦路，后门在惠民路。听老人们说，它曾是亚洲第一大仓库，载重卡车可以乘电梯直达每一层。仓库大楼的墙体非常厚实，里面冬暖夏凉。夏天，我们小学生放学回家经过这里总是磨磨蹭蹭地慢走，因为那扇沉重的大门经常拉开一点儿，会从里面透出一股凉气，让人顿时感到无比凉爽，在炎热的回家路上，这真算是一种特别的享受。不过不能停留过久，否则，里边一位值班的老伯伯会出来轰赶我们的："快点跑开！卡车出来了！"

北楼 21-23 号

120 弄里，有英商有轨电车公司出资建造的两排八幢四层连体洋房，专供该公司高级职员居住，位置紧靠在杨树浦路上的有轨电车公司所在地的北面。有轨电车的车库就在杨树浦路永兴仓库旁，与 120 弄是相通的，所以公司职员居住在 120 弄是相当方便的。从 120 弄往里走到底向左拐 90 度，就是英商有轨电车公司高级职员的住房。可以看到两排连体洋房，在高高的屋檐下，鹅卵石墙上的"1918"建筑年份标志赫然在目。门牌号为 21、23、25、27 的，是坐北朝南；29、31、33、35 是坐南朝北。后者 4 幢与有轨电车公司的车库仅一墙之隔。这 8 幢房子南面都有一个种了不同树木的小院子，进 120 弄直角拐弯处是 21 号。院内一棵大树的树冠绿荫覆盖了弄堂拐弯处的整个地面。我们 23 号院子里，有一棵每年结果的无花果树，果实很香甜是孩子们的最爱；还有两棵夹竹桃，四棵棕榈树和一棵石榴树，石榴树每年结石榴，不过又小又酸。说起棕榈树，我想起一个熟悉的陌生人，他每年会过来一段时间，不声不响地爬上梯子割下棕榈，再把叶子修剪好，地面打扫干净，然后默默离开。20世纪60年代后，他再也没有出现过。

北面4个院子的前面是齐膝高的石头矮墙墩，上面是绿色木栅栏，有一扇绿色的花式铁门，1958年“大跃进”时被拆去“大炼钢铁”了。院子一侧是通往二楼的石头扶梯，无花果树的枝叶伸展到扶手上很漂亮，不过，我们小孩更关心好吃的无花果，伸手就可以采到。

二楼有边门，里面是宽敞的内阳台还有客厅，再往里就是餐厅，中间有木质大移门可以间隔开客厅与餐厅。厨房间在餐厅旁，除了有门可以通行，还有一个小窗口可向餐厅递送饭菜。

三楼有两个大房间和一个带大卫生设备的盥洗室，估计是主人夫妇住的。再往上是四楼，有46平方米一大一小两间，也有大卫生设备，整个形状像打开的照相机，南面的大窗就是突出的“镜头”，估计是孩子们和保姆住的。底

楼是储藏室和用人住的，有小楼梯可以上到厨房间。

每层楼都有壁炉。暗红色的瓷砖，白色的火炉架，下面炉膛外是铜质的栅栏，也于1958年被拆走。后来为了防台风，房管所把烟囱拆了，从此再也不能用壁炉了。

原本英商是有35年有轨电车运营权的，但是日本人侵占上海后，英国人就跑掉了，除了原先住进英商住房的一些俄罗斯人外，日本人取而代之。抗战胜利后日本人都撤走了，此后住的都是我们中国人了。中日邦交正常化以后，还有日本人来到120弄，寻找自己的出生地。

南面4幢楼的院子在南面，站在弄堂里看不见。只见在弄内有石头扶梯直通二楼。上海解放前夕，120弄的居民听说国民党败兵在溃逃时要闯进民宅抢东西，经大家商议，决定在弄堂口扎起一道篱笆墙，用很长的细竹子编制成很密的篱笆并涂上柏油，使其结实而有韧性，不怕败兵攀爬或用刺刀戳。果真有邻居半夜听到逃跑的败兵拼命摇晃篱笆的声音，幸好被扎实的篱笆挡在了弄外。

建造于 1918 年的南楼

从惠民路 120 弄进弄堂，右侧是 118 弄的后门，门牌号是按 118 弄编号与 120 弄无关，左侧是一座小小的东正教堂。来这里做礼拜的都是俄罗斯人，他们是十月革命时从俄罗斯逃亡中国的贵族。洋神父去世后由一位中国神父接替掌管，他有妻子和儿女。教堂的花园里有一个木制的小亭子，上面挂着一口大钟，每到他们的节日，钟声就会响起。我小时候经常会在他们做礼拜时驻足从花园大门口向里张望，看见昏暗的教堂里摇曳着许多蜡烛的微光，伴着风琴声，他们唱着蛮好听的圣歌。奇怪的是这些俄国人，特别是老太太，一进外门厅就扑通下跪开始哭泣，然后慢慢跪着进到里面。1958 年这里成了制钳厂。

120 弄往东的斜对面有一个宽敞的弄堂“海关宿舍”，住着旧海关的高级职员。最早的时候，这里是没有弄堂大门的，像小街道一样，大门是后来装的。这是一排坐东朝西的两层楼连体小洋房，也是带内阳台的，每一幢楼前也有小院子，夹竹桃的花似乎一直开着，很漂亮。走到底是一片空地，有人稀稀拉拉地种了一些玉米和蔬菜，篱笆隔壁就是霍山路小学的操场，有的小学生调皮地从篱笆的破洞钻过去上学。海关宿舍 1 号住着我要好的吴姓小学同学。巧的是 1961 年我在军事学院上学时，总觉得一位老师特别面熟，像是吴同学的父亲。

行驶在北四川路上的有轨电车

一天，我终于冒失地前去询问，果然是！放假时，我和他在北京中医大学上学的女儿又见面了。

再说，惠民路 120 弄与临潼路 99 弄是相通的。临潼路 99 弄内门牌号是 4、6、8、10，但是 12 号却拐到了 120 弄内。99 弄也是带有小花园的小洋房，原上海中医学院的院长王玉成就住在 12 号。120 弄的居民想要到临潼路上的南货店买东西，只要从 99 弄走出弄堂的斜对面即是，或者想要处理一些废弃物品，出了 99 弄右拐走几步就到废品回收站。

商企选粹

SHANG QI XUAN CUI

提篮一瞥

流逝的岁月中，往日的时光里，总有承载泛黄的“老底子”记忆与情感的故事，在街谈巷议和传媒平台让你乐此不疲：电车二场、五金街；中远集运、北外滩；北京饭店、轮渡站；还有……你是否感觉它们并未走远？“时光机”总是挡不住诱惑地让它们再现，抑或，这就是提篮桥区片的魅力，以其百年守望的积淀，熏陶浸润成别具一格的烟火气和市井图，心心念念于此的“老提篮”，惊鸿一瞥中，仿佛重走童年少年青年时代，却又像经历一场未曾有过的寻珍之旅。

百老汇路，上海最早的五金街

陆林森

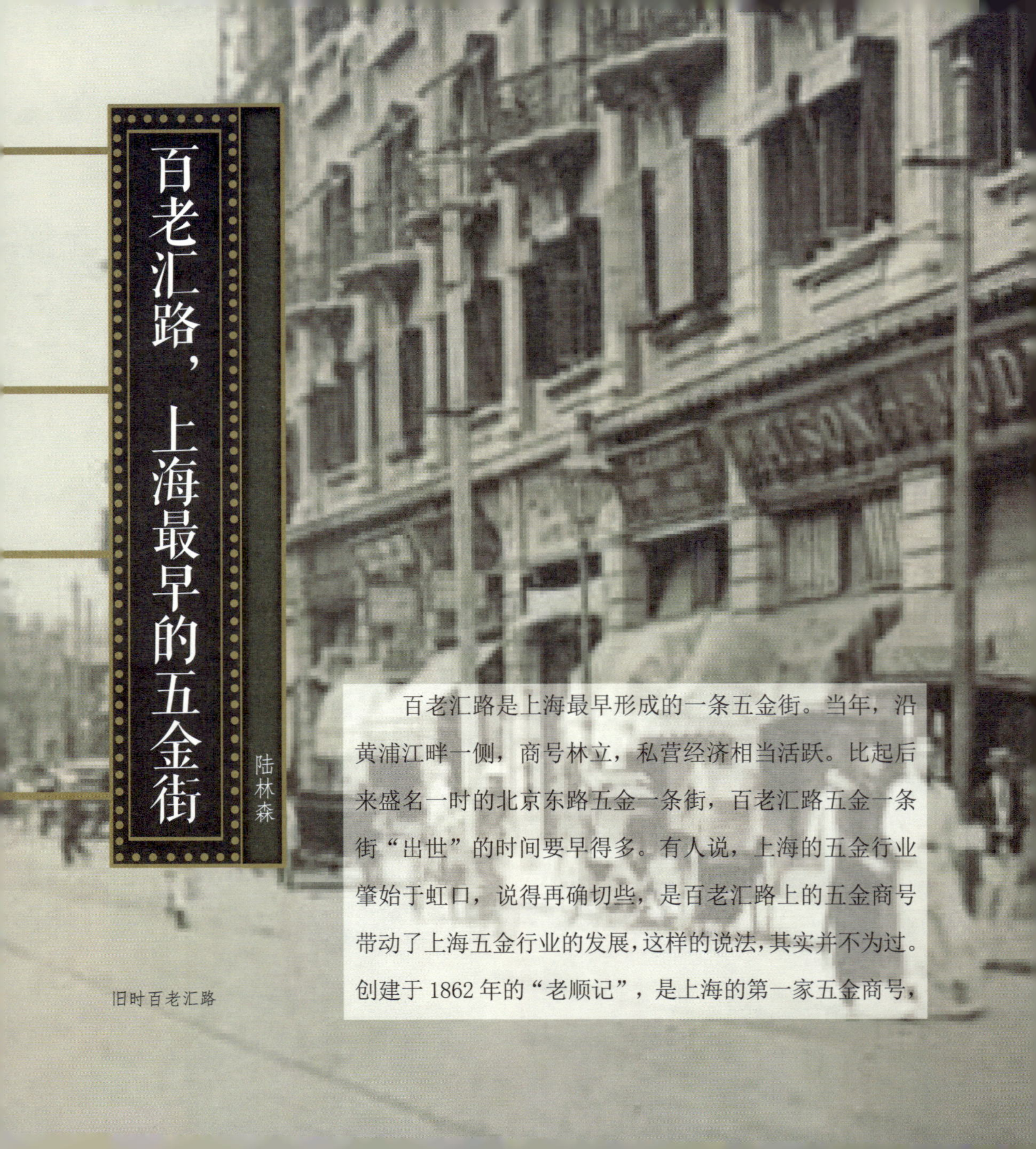

旧时百老汇路

百老汇路是上海最早形成的一条五金街。当年，沿黄浦江畔一侧，商号林立，私营经济相当活跃。比起后来盛名一时的北京东路五金一条街，百老汇路五金一条街“出世”的时间要早得多。有人说，上海的五金行业肇始于虹口，说得再确切些，是百老汇路上的五金商号带动了上海五金行业的发展，这样的说法，其实并不为过。创建于1862年的“老顺记”，是上海的第一家五金商号，距今已有150多年历史，几乎与百老汇路“同龄”，堪称名实相符的上海百年老字号了，而“老顺记”的店址，当年就是在百老汇路老船坞附近。倘若再向历史的纵深处走去，更是让人发觉，百老汇路五金一条街的兴起，有其历史缘由。可以说，是历史造就了百老汇路五金一条街。

1840年，中英鸦片战争爆发。两年后，清政府与英国政府签订不平等的《南京条约》，开放广州、福州、厦门、宁波和上海，史称“五口通商”。国门被外国列强的炮舰政策轰开，西方商品倾销来沪，其中的五金商品大量出现在百老汇路五金一条街上。商人们相中虹口境内的这块风水宝地，是有原因的。百老汇路临江而筑，长长的黄浦江岸线有许多码头、仓库和堆栈，“五口通商”后，外轮渐渐多，它们经过远洋跋涉，驶进

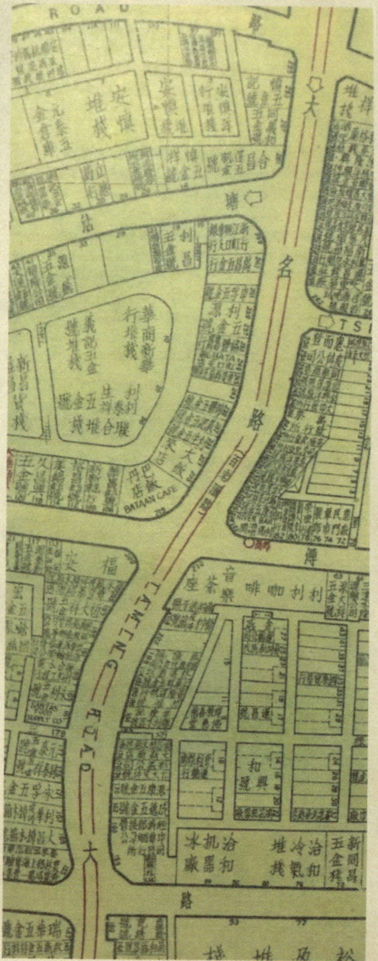

1947年的上海地图局部，长仅600余米的大名路上五金店依旧云集，图片来源于虹口档案局

当年顺记五金铺店牌

吴淞口，靠上码头，需要补充大批给养，这就为百老汇路五金街的形成打下了基础。由私营老板创办的“老顺记”商号，由此应运而生。“老顺记”的问世，为百老汇路五金一条街打下了第一块基石。

叶澄衷是“老顺记”五金商号的创始人，也是百老汇路五金一条街的始作俑者。叶澄衷经营有方，生意越做越大，继“老顺记”之后，又开办“新顺记”，船舶小五金买卖，也渐次向船舶大五金、造船五金、制造五金、交通五金等拓展，形成了一张五金销售网络，大批订单相继“花落”新、老“顺记”，叶澄衷因而被誉为沪上“五金大王”。在“顺记”五金号带动下，商人们纷纷在百老汇路开出五金商号。连不少“顺记”五金号的店员，也因五金行业有利可图，打起算盘，有的“反水”离开“顺记”，另立门户。俗话说，店多成市，新老五金商号，推动了百老汇路五金一条街的形成和发展，短短几十年间，百老汇路五金一条街风生水起，在上海滩的名声越来越大。经营规模比较大的是叶澄衷的新、老“顺记”，其他如张桂庆的“瑞昌顺”、庄云章的“新顺春”、张郎斋的“复泰”、傅筱庵的“祥大源”、张星涛的“瑞新顺”，以及徐汇仁的“慎利”、倪廷之的“同昌”，经营规模也不小。

第一次世界大战爆发后，德国将民用工业转为军工用品生产，以英、法、美为首的协约国，亦步亦趋，也加紧军事部署，减少钢铁等军需物资对外输出，

图为从外虹桥西望百老汇路沿街鳞次栉比尽是五金店。左侧最高的建筑是坐落在文监师路今塘沽路的美国基督教圣公会救主堂。照片摄于清末，图片来源于虹口区档案局

为我国的民族工业带来了难得的发展机会，机器厂、面粉厂、棉纺织厂等大量出现，百老汇路上的五金商号生意也就更加见好，这时候的上海五金行业，几乎成了上海的百业之首。从20世纪20年代到抗日战争前夕，百老汇路上经营五金行业的商号数量大增，“新顺记”原店员胡元祥，与店老板分道扬镳，在百老汇路五金一条街开店，后来又出现了“恒大昌”“锦和”“裕记”“正记”“源

泰”“裕丰”“公兴昌”“协兴荣”等。新店老铺，星罗棋布，它们立足百老汇路，向东熙华德路（今东长治路）、天潼路、塘沽路等一带辐射，但百老汇路仍然是上海五金行业之首。至于百老汇路上的五金经营户，越过四川路桥、河南路桥，将店招延伸至北京东路，那已经是后话了。

小贴士

小贴士：

百老汇路（Broadway Road），现名东大名路，东以惠民路为界，接杨浦区境内的杨树浦路，西起外白渡桥（大名路）。据考，这条路由旧上海公共租界工部局修筑，时间大约在1864年以前。1877年，虹口港外虹桥以东的一段百老汇路，改名东百老汇路（East Broadway Road），1943年改名东大名路。它的东端就是百年老桥“外白渡桥”，越过外白渡桥，就是外滩源。100多年过去了，如今的东大名路，有很多地标性的新景观，白金湾广场、北外滩中心、浦江金融广场等，鳞次栉比，浦西第一高楼白玉兰广场，高耸入云。随着国际航运中心的建成，环绕东大名路的国际航运枢纽已初具规模。

交通：19路、25路、55路、37路、135路，地铁12号线。

曾经的“电车二场”

陈茂生

走出上海地铁12号线“提篮桥站”，头上便是一座超大型“地铁上盖”建筑。资料介绍这里是“上海最高的超高层双塔项目，全景坐拥270度黄浦江江景，欣赏最美‘黄浦江弯道’”，工人正忙着做最后的安装调试。问路人“原来的‘电车二场’在哪里”都摇头不知；还是个上年纪的提篮桥社区志愿者指着那些色彩绚丽广告围绕的围墙：“就在那里！”

电车二场临潼路有轨电车分场

高脚工棚和工人调煤精

上海老电车

今后，在附近出入的年轻白领可能不会知道：就在 20 世纪 90 年代中叶，附近有大名、东海电影院，有著名的北京饭店、三味观饭店等，停靠客轮的公平路码头近在咫尺，有诸多公交线路途经停靠。年轻人常常相约“电车二场后门碰头”娱乐休闲聚餐，手提肩扛的企业出差、上山下乡人们经常“到电车二场下车，走一点路就到码头了”。而老职工说这里有“二电”公司的办公楼，有市区最大的四层立体停车场、五千多职工，到“二电”上班是一件既风光又实惠的“人生快事”。并能绘声绘色地说造办公楼时挖出过几根桥桩，正好是史书里描述的“东长治路、海门路口偏西南处”，所以“‘提篮桥’有没有桥？”，“二电”人是煞煞清的。

自引进电车作为交通工具以来，上海电车始终是沪西、沪东和沪南的“三

电车二场职工使用过的碗牌

分天下”；其中沪东就是“二电”的地盘。1963年8月15日解放日报报道：8月15日0点17分，编号为34号的1路有轨电车末班车从静安寺的起点站发车开往南京东路外滩方向，车上仅零零星星几个乘客，完成这趟载客之旅后，1路电车连同南京路沿线轨道就退出历史舞台。“黯然神伤地于1点24分回到了位于东长治路电车二场的‘家’。‘叮当！叮当！叮当！’临进‘家’门前，电车停了停，特为响起三记进场铃声。上海最早一条有轨电车的运行史由此画上了圆满的句号。”20世纪60年代初，上海市区的无轨电车逐步取代有轨电车，这里十多条线路百余辆无轨电车的“母港”，每晚近千名工人负责检修维护清扫调配；清晨五点不到头班电车驶出大门口，会有很多司售员、乘客仓促地吃点早点，登上车厢开始一天奔波。无论寒暑晴雨，这里总是熙熙攘攘人流如织。

如同申城其他的早期公用事业一样，由东大名路、东长治路、公平路和海门路围绕的区域的早期开发与外商密不可分。1913年为便利行驶沪东地区线路的电车就近停放，英商在杨树浦路麦克利加路（今临潼路）建立“汇山车栈”。1949年后这里名称多有变化，但“电车二场”则是抹不去的标签。

现在的电车二场原址

20世纪90年代后期，随着公交线路调整变革，提篮桥地区成为上海市历史文化风貌区。北外滩的发展开发，电影院已无踪影，码头也不再承担客运；没有密如蛛网的架空电线，更没有叮叮当当的电车往来不息，只有附近老居民仍记得“电车进场三记短铃声，出场电车一记长铃声”，22路电车从东大名路右拐进海门路，年轻的驾驶员悄然加速“前面还有好几个路口，堵起来不得了”，13路电车荣幸地在原先电车二场进口位置设立终点站“提篮桥站”，路边还有个三四米高的不锈钢高脚工棚，电车停靠后有工人从敞开的窗前探出身子，接过司机转送受电杆也就是“电车小辫子”，调换受电杆上的“集电块”。这种业内称为“调煤精”的操作在以往数十年间没有改变，完全可当作“电车二场”的历史延续和工作写真。

“乘电车”曾长期作为上海人主要出行方式，并发酵成有“海派”风味的文化标签。譬如“翘辫子”，电车转弯时受电杆滑脱只能停驶，在上海俚语中意味着“完结”甚至死亡。在以上海为背景的文艺作品中“电车”更是不可缺少的元素。夏衍在《包身工》中写道：“纱厂工人的三大威胁——音响、尘埃和湿气。到杨树浦去的电车经过齐齐哈尔路的时候，你就可以听到一种‘沙沙’的急雨和‘隆隆’的雷响混合在一起的声音。”华裔女作家张爱玲的散文不止一次写到电车，小说《封锁》更把电车作为小说的故事发生场景。

毫无疑问，“电车二场”已是历史名词，原址下日夜运转的地铁象征这里曾经的属性，如能在上海超高层双子塔的现代化玻璃幕墙前，保留 13 路终点站那个不锈钢高脚工棚，更是路人探视此地过往岁月的最佳“窗口”。

小贴士

小贴士：

20 世纪 90 年代中叶“电车二场”地址为东长治路 1010 号，如今该处已经建成超高层双子塔商业、办公楼宇，地址为东长治路 1089 号。

提篮桥是上海交通网络的重要枢纽之一，设有提篮桥站、提篮桥（下客站）的公交线路有 13 路，22 路、134 路，135 路，28 路，37 路，854 路，868 路，921 路，319 路，330 路等。乘坐地铁 12 号线到“提篮桥站”，走出任何一处出口都是在原来电车二场的范围。该区段周围住宿、餐饮等商业设施较多。

我在东大名路这十年

王世逸

算来，今年是我就职于东大名路378号的第11个年头，跨越了10个时段。正想着通过怎么样的方式纪念过去的10年，适逢看到《提篮下海——说说上海北外滩》的征稿启事，心绪怦然一动：参与投稿，这真是再有意义不过的了。

同事、朋友爱称呼我“年轻的老上海”，因为作为土生土长的上海小囡，我对于这座城市满怀深情，热衷从寻访上海的历史建筑来挖掘上海的历史，来了解上海国际大都市的发展历程。

以往，外白渡桥以北的区域对我来说比较陌生。2009年，我入职于东大名路378号中远集装箱运输有限公司（2016年更名为中远海运集装箱运输有限公司），想对这片每天往复行走的区域探究一番。首先激发我兴趣的就是公司那栋中西合璧式的“红楼”，它的前身是耶松船厂，从1906年起垄断中国船舶修造业30余年，为英国在华工业投资中最大的企业之一。20世纪80年代，作为上海国有最重要的航运公司，

登上白玉兰大厦的观光层，可以拍到我们公司的全景

上海中远集运青年志愿者小队

我刚进公司时，红楼的底楼还是我们的餐厅

上海远洋运输公司入驻红楼，传承续写上海航运史。为顺应发展需要，进入21世纪，在红楼侧旁建起了远洋大厦。当时我刚进入公司，红楼的底楼还是员工餐厅。与所有老建筑相仿，走进红楼就会发现层高很高，砖木结构使其保温性特别好，特别是在炎热的夏天，里面却总透着丝丝凉意。

远洋大厦总高28层，11年前它是北外滩的制高点，特别是顶楼的旋转餐厅，可以360度视角饱览北外滩美景。每天眺望窗外景象变迁，不知不觉我也有幸成为北外滩变化的见证者：上海国际客运码头的建成，我看到世界先进邮轮在此停靠，想着中外游客从北外滩开始了解上海是再好不过了。每年的国际航海日、中国海军节，我们还有上船参观的机会，绝对是近水楼台先得月；看着位于东大名路旅顺路口的白玉兰广场拔地而起，一度成为浦西第一高楼，随着整个广场配套设施的建成，填补了公司周边缺少娱乐休闲场所的空白。迎接新中国成立70周年时，《我和我的祖国》快闪秀虹口篇是在白玉兰广场录制的，展现出日新月异、蓬勃发展的美丽北外滩；登上白玉兰大厦的观光层，不但北外滩景色尽收眼底，尤其可以拍摄到我们公司的全景，还能眺望浦东、外滩的美景，是心旷神怡的真实体验。

“上海外滩W酒店”入驻北外滩，我感觉瞬间提高了区域档次，平日里时不时看到拿着长枪短炮的拍摄团队；2019年世界知名足球俱乐部曼联队来访也下榻在W酒店，下班时看到一大批拥趸守在门口，好不热闹。

地铁12号线国际客运中心站点的开通，给予我们上班族最大的福音，站内12星座主题装饰布景也让其成为“网红”车站。随着东大名路垃圾处理站的迁移，在东大名路两边铺设塑胶跑道，九龙路和溧阳路两边的石库门、旧厂房的修缮和改建，都给生活工作在北外滩的我们带来焕然一新的感觉。位于九龙路的平安里石库门，恰巧与海上作家

上海外滩W酒店以其时尚新颖高端的构造，吸引中外游客入住

王安忆小说名著《长恨歌》中的里弄名字相同，在这本小说开篇，可以读到上海里弄最令人陶醉和玩味的描写。走过平安里，联想起《长恨歌》里的故事百味，是非常有意思的独特体验。

我的视线从窗外收回到大楼内，过去的10年，作为中远集装箱运输有限公司的一员，我看到了全球航运业的低谷高潮，包括美国次贷危机、航运公司的倒闭及航运联盟的迭代，等等。我经历了中国航运企业在世界航运业中地位逐步攀升的过程，从开拓产品到做优、做强产品，形成服务特色。近两年，更是作为国家“一带一路”项目小组的一员，克服各种困难不断打造和完善产品，其意义不仅是一项普通业务，更是企业的责任与担当，令我深感践行国家战略的重要性。

从公司大楼远眺，北外滩的新一轮发展正如火如荼，东大名路尽头新的楼盘即将竣工，旧区改造正在有序推进中。

北外滩的未来可期，我作为航运人，有幸见证了这一历史变迁，为北外滩的巨变点赞。无限憧憬明天的“最美城市会客厅”，热诚欢迎海内外、各种肤色、各个民族的朋友都来这里游历一番。

北外滩

陆林森

午后的北外滩，每一棵树，每一株草，都可以入诗入画。一条长长的滨江岸线，蜿蜒在青翠欲滴的绿色中。秦皇岛路渡口，市轮渡依然在拉响一个多世纪前的汽笛，不倦地来来回回，运送过江旅客。这里是虹口与杨浦的交界处，

2020年夏建设发展中的北外滩热土

隔江相望的北外滩和浦东新区

往东是大杨浦，往西便是积淀深厚的人文虹口了。沿滨江大道缓缓而行，绿树婆娑，一江碎金，江对岸的陆家嘴金融贸易区，高楼耸立，倒映江中。江鸥扑棱双翅，从江面上掠过，一飞冲天。此刻的北外滩，显得分外宁静。

我熟悉北外滩，如同熟悉我自己。年少时，我家住北外滩，去南市老城厢姑妈家，坐的是8路有轨电车，从定海桥方向开来的8路电车，到了提篮桥站，车上那铁栅栏门，被售票员用力拉开，哗啦啦啦，发出一阵脆响。跳上车，哗啦啦啦，又是一阵脆响，铁栅栏门关上，电车沿着东大名路上的两条路轨，摇着，晃着，哼着，像个蹒跚老人，向着十六铺方向开去。8路有轨电车前后有两节车厢，中间是两圈弹簧，它们相互牵系着，也跟着电车一起摇着，晃着，车厢里，有两排木条凳，几乎和车厢一样等长，都在车厢两壁生了根。木条凳上，稀稀拉拉地坐着三三两两的乘客。司机站着，将电车开着往前走，这是我最喜欢看的一道北外滩风景。我每次上车，总是站在司机的身后，看那根手指般粗细的小铁链，浅浅弯弯地垂挂着，将司机和我隔离了开来。一个圆圆的木制方向盘，有一个垂直向上的木柄，司机一手握着，转动着，两眼看着前方，遇到有横穿马路的行人，用力一蹬，脚下就发出了叮当叮当的车铃声，反弹在路面上，清脆而又悠长。

东大名路解放前叫百老汇路，路幅不宽，瘦瘦长长的，路两边有许多房子，都是一些老式建筑，8 路电车到了旅顺路，挎着帆布袋的卖票员，手拿票夹钳，一边笃笃敲打，一边喊："庄源大到了！"初始，我感到奇怪，不知这"庄源大"为何物，后来听说，这里有家作坊，名字就叫"庄源大"，以生产"绿豆烧"（酒）

2013 年 4 月 7 日丽星邮轮公司"双子星"号母港首航从国际客运中心启航

北外滩滨江景色

俯瞰北外滩

原来东长治路商丘路处的棚户区，如今的“一方”大厦楼宇前的绿地景观

驰名，酒香隐隐，所以连8路有轨电车的站头也叫“庄源大”了。

外白渡桥横跨苏州河，宛若蹲伏着的一头雄狮。电车上桥，也是一道很好看的风景。8路电车由东及西，经过天潼路，一个大转弯，到了大名路尽头，前面就是外白渡桥了。从北堍上桥，好似爬坡一样，看上去，8路电车有点爬不动了。司机猛地一用力，叮当，叮当，车铃声又从脚下钻了出来，洒在桥面上，车子稳稳地上了坡，越过了外白渡桥。

我不知多少次坐8路有轨电车去南市老城厢，也不知多少次为了省下6分电车钱，沿东大名路往前走，看两边风景。沿江一侧，有码头，也有很多大大小小的仓库和堆场。远远望去，可以看到码头上堆放的货物，还有停靠在江边的轮船。轰鸣的机器声、震天动地的劳动号子声，合成了一部东方“混声大合唱”，折射了别一种工业时代的文明。然而，历史在造就旧时代畸形繁荣的同时，也留下了很多城市“补丁”，抑或“断头路”，它们各自为政，互补贯通，将虹口滨江分割成了好多块。江水东去，进入新世纪，上海加大了产业转型力度，虹口滨江岸线退去了昔日的光环，“升级换代”势所必然。我搬离北外滩后，多次重走东大名路，于晨色暮晖中，惊叹世事沧桑，旧式建筑已被抹去，高楼鳞次栉比，离昔日“庄源大”不远，浦西第一高楼高耸。长长的滨江岸线，“断头路”已被打通，建投书局、公平路码头、露天剧场、彩虹桥、一滴水，以及东西两头的秦皇岛路游船码头、上港邮轮城，呈扇面状一字儿排开，从公平路到高阳路，

当年的8路有轨电车行驶在天潼路大名路口

原先的码头和堆场变成了“城市绿吧”，树绿，草青，花香。行走北外滩，昨天的影像恍若眼前。只是，旧貌不再，8路有轨电车，成了我遥远的记忆，那早已被我熟悉了的叮当叮当声，也随着江水的哗哗流淌，远去了。

小贴士

小贴士：

北外滩位于苏州河和黄浦江交汇处，东起大连路、秦皇岛路，西至河南北路，南起黄浦江、苏州河，北迄海宁路、周家嘴路，面积3.66平方公里，沿黄浦江、苏州河岸线3.53公里。北外滩有着深厚的历史积淀。1882年，武昌路乍浦路口的东南转角处，英商投资创办上海第一家发电公司，是年7月26日，英工部局电气工程师毕晓浦以10马力蒸汽机作为动力，带动自激式直流发电机发电，点亮了一盏弧光灯。这是上海的第一盏电灯。从此，百老汇路（今大名路）沿街、北外滩招商总局中栈码头、苏州河河口韦尔斯桥（外白渡桥），相继竖起了电线杆，且逐渐向着外滩地区和南京路延伸，一到晚上，大放光明，市民纷至沓来，沿韦尔斯桥、百老汇路观看，一时间成为上海市民的美谈。

如今，北外滩新景观新建筑鳞次栉比，航运一条街已然成形。历史留下的痕迹有：犹太难民纪念馆、白马咖啡馆、舟山路石库门风貌、霍山公园等。

交通：地铁4号线、12号线，公交19路、25路、37路、135路等。

“中华”铅笔在东汉阳路

张林凤

那些年，家住商丘路的我，每次途经东汉阳路 296 号的中国铅笔一厂（以下简称“中铅一厂”），观望三层楼的厂房和黑漆的大铁门，以及白底黑字的厂牌，就会有神秘感和景仰情绪，因为知道里面是生产中华牌铅笔的。

中华牌铅笔落户东汉阳路，离不开中铅一厂创始人吴羹梅的艰苦创业。吴羹梅出生于 1906 年 1 月，中国正处于积贫积弱的年代。那年，作为同济大学学生的吴羹梅，因为参加学运被学校开除。担忧个人前途和国家命运的吴羹梅，决定去日本留学，学习先进技术，回国兴办实业，为振兴中华尽绵薄之力。

吴羹梅将目标定格在制笔行业。因为他看到，铅笔在中国的销售量很大，政府每年要为进口铅笔花去大量外汇。但是在 20 世纪 30 年代，要在上海开办铅笔厂不是一件容易的事。吴羹梅在日本学成回国后，鼓动章伟士和郭子春两位意气相投的朋友，一起出资、集资、借贷，紧锣密鼓的运作后，终于在南市斜徐路 1176 号找到了约两万平方米倒闭的缫丝厂。1935 年 10 月 8 日，“中国标准国货铅笔厂”正式开张，这也是中国第一家成功的铅笔工业。不久，即生产出第一批铅笔，到 1937 年工厂已经能够生产高档的“鼎牌”绘图铅笔；而且，还造出了完全使用国产原料的低档铅笔——“完全国货”。

可惜好景不长，1937 年 8 月 13 日淞沪战争爆发，铅笔厂经历了从上海到

东汉阳路上的老厂房

武汉、宜昌、重庆的三次大迁徙，一直坚持在敌后生产，满足抗战的需求，直到抗战胜利。历经艰难坎坷，回到上海后的三位铅笔厂创办者人各有志，分道扬镳。1946 年初，吴羹梅承购了东汉阳路 296 号的敌产，原日本人办的上海制箱厂，此时，他的厂名已经是“中国标准铅笔厂”。至此，中铅一厂开启了其在东汉阳路 60 多年的生涯，一直到 2009 年工厂搬迁到松江区新浜镇文兵路 120 号。

鉴于吴羹梅在民族工商业方面做出的杰出贡献，他作为工商界的 15 位代表之一，参加了新中国成立的开国大典，并三次受到毛泽东主席的接见，激励他全身心地投入新中国的建设大业，而高档绘图铅笔的市场需求量日趋增长。吴羹梅与同人们经过数百次试验，1954 年 3 月，终于制造出与舶来品质量相当的中华牌 101 系列绘图铅笔。这是采用

东汉阳路上的厂门

101 绘图铅笔

20 世纪七八十年代的生产车间

优质木料和石墨，削卷便利，书写顺滑，不易折断的铅笔；按照硬度和显色度的不同分为 H（Hardness）和 B（Black）两大系列，共 14 种型号。此前，质量过硬且型号齐全的国产绘图铅笔在中国市场完全空白，专业绘图人员只能使用价格不菲的美国“维纳斯”牌铅笔。

中铅一厂研制成功中华牌 101 系列绘图铅笔。以华表作为产品商标的“中华牌”横空出世，“101”意即向国庆五周年献礼。中华牌铅笔上市后深受消费者欢迎，此前专业人员首选的美、德等国的绘图铅笔，在中国市场日渐式微。直至今日，中华牌铅笔还是国人首选的绘图、考试专用工具。中华牌 101 系列绘图铅笔的发明，成为中国铅笔制造业划时代的发明，堪称中国铅笔制造业的里程碑。其凭借着过硬的质量获得国家银质奖、轻工部优质产品等称号。1976 年，中华牌 101 绘图铅笔系列的 2H 和 HB 两个型号经鉴定，各项指标已经赶上美国的维纳斯牌，欧美国家进口的绘图铅笔在我国市场上彻底消失。

中华牌铅笔的荣誉纷至沓来。其中中华牌 D 型铅笔，获得全国铅笔行业唯一的最高奖——“国家优质银奖”以及全国最畅销的国产商品“金桥奖”，2004 年获得全国铅笔行业唯一的中国名牌称号，2005 年中华牌铅笔又荣获全国铅笔行业唯一的国家免检产品。

中华牌铅笔还被人们赞誉为“中国飞得最高的一支铅笔”，那就是 2008

“神七太空笔”技术合作签约仪式

年研制成功的“神州七号出舱书写笔”。说起研发的故事，时任总经理的王永忠记忆犹新：“失重、震动、温差等一系列难题，都要克服。”面对难题，“中铅人”未曾有丝毫退缩，经过近3年的研发，一系列环境指标的测试，太空笔诞生，其以独特的科技含量填补了国内航天技术装备的空白。它不仅不会在发射过程或者宇宙大环境下开裂或断裂，而且能保持高浓度不减，方便宇航员戴着手套书写。

如今，中铅一厂的旧址上，矗立起白金府邸高档民宅。虽然岁月变迁，但我坚信，中华牌老字号积淀的进取创新精神，会融入北外滩新时代城市建设标杆中的。

1947年，海轮停靠招商码头
俗称外虹桥码头

回望“中远集运”

卢铭安

1980年至1985年，我在东大名路378号中远上海远洋运输公司大院里上班，对其周边环境的沿革很熟悉，大门左手边的东楼——小红楼，是中国远洋运输公司上海分公司（简称上远）的办公楼，院子东南方向的围墙外是上海港务局高阳路码头，时常能看到泊靠在码头边的海船烟筒。大院中间是篮球

场，我喜欢打篮球，但我所在的单位——广州远洋分公司驻沪“船技组”，鼎盛时期加上航修队才二十多个成员，年轻人才三四个，不能组队玩篮球，所以上班时直接走进西面一幢二层楼房（1947 年是安通运输公司堆栈）。1996 年，中远集团推倒此楼及周边其他建筑物，建造上远的总部大楼，地图上名为远洋大厦。

目前的东大名路 378 号远洋大厦和 388 号的旧上远大楼（小红楼），两者前身是招商局第二码头和英商耶松船厂。

19 世纪 50 年代，上海最早出现的近代工业，是从属于航运和进出口贸易的船舶修造厂船坞事业的发展起步的，由此促进了城市交通运输的发展和工商业的繁荣。美商首先在上海建立修船厂，英商于 1862 年创办祥生修船厂，1865 年建成耶松船厂。 耶松船厂旧址在虹口港东侧，上海开埠前此处叫徐家滩，北面是农田、坟山，沿黄浦江岸近侧为渔民、船民晒网停泊的场所。1863 年，美租界开辟后，筑百老汇路，民间将外虹桥东墩俗称为东百老汇路（解放后改

耶松船厂的老船坞

称东大名路）以示区别。

据考证，如今的旅顺路至太平路之间沿黄浦江岸，当时由美商“杜耶普伯维公司”开设船坞修理船只，时称“新船澳（New Dock）”，1865年由英商购进，改名“耶松船厂”，又称“老船澳”（Old Dock），其为上海外国资本主义最早的、最大的近代造船厂，船坞长度为112.24米，门宽16.46米，中部宽15.24米，涨潮时可容纳吃水4.27米的船舶修理。

耶松船厂在19世纪末，特别是1890年—1900年间，取得辉煌的成就，而

1884年，耶松船厂为英商怡和轮船公司建造的“源和”号轮船，船体全长280英尺，载重2.5万吨，是当时远东地区最大的商船。1901年以后，耶松船厂拥有上海的七大船坞，即祥生船厂船坞、老船坞、引翔港船坞、和丰船厂船坞、董家渡船坞、哥立尔船坞、东方船坞，耶松船厂公司成为当时全国修造船舶的垄断组织之一。

1936年，耶松船厂又与瑞镕公司合并，改称“英联船厂”，翌年改为英商马勒码头。抗战胜利后，马勒公司将该码头租给民生公司使用。解放后，划归上港五区，后为上海港高阳装卸公司第五泊位所在，今为北外滩开发办公室管辖。

抗战胜利后，重庆民生轮船公司开始先后在上海、广州和香港成立了分公司，民生公司从长江航运转向近洋发展，开辟了日本，中国香港、泰国曼谷、菲律宾等国家和地区航线，业务重点转到上海和香港，东大名路378号的缅甸式红楼也就成了民生公司的总部。1994年，耶松船厂的红楼被上海市人民政府公布为优秀历史建筑。

1946年末，我父亲作为轮机长驾驶“怀远”货轮抵达上海的招商局第二码头，此码头是19世纪70年代，轮船招商局（简称招商局）组成，为了突破轮船码头均为外商把持的局面，于1874年购进耶松老船坞，改建成招商局自用码头，1877年又收购虹口港东侧的美商旗记码头，把两处连接组成招商局中栈码头，

耶松船厂旧址

由于吃水深经常停靠远洋轮船。

抗战胜利后，中栈被称为招商局第二码头。解放后成为上港三区外虹桥码头，后为上港五区高阳路码头，现在是北外滩国际邮轮码头，东大名路 500 号，专门停靠 7 万吨级以下国际邮轮。

成立于2002年的上海港国际客运中心，拥有两个邮轮码头，有3个大型邮轮泊位北外滩，15个沿江景观游艇泊位，这里是中国母港邮轮的发源地，上海首个长江中下游内河游轮母港，是黄浦江内唯一具有接待外籍游艇泊靠资质的码头，也是世界首个获得英国劳氏船级社质量体系认证的国际邮轮码头。

北外滩的上海港国际客运中心曾经是拥有160年历史的上海码头门户，如今是坐拥上海天际线的北外滩滨水综合体，1197米浦江黄金岸线，能将北外滩滨江、外滩建筑群和浦东陆家嘴等美景尽收眼底。

如今的“小红楼”“一滴水”国际邮轮城和远洋大厦矗立于北外滩航运街之龙头，濒临黄浦江，与东方明珠、上海国际会议中心隔江相望，成为国内外游客热衷游访的打卡地。

1975年，我父亲退休后，又到上远西楼的广远驻沪“船技组”发挥余热，我与父亲两代海员同时在北外滩的小红楼进进出出，见证了改革开放为上远和广远快速发展奠定的良好机遇。北外滩的崛起不仅延续了以往的辉煌，也是中国航运界继续发扬光大的领头羊。

环绕提篮桥天桥一带形成的提篮桥商圈

“提篮桥买东西”钩沉

陈茂生

早年说起“提篮桥”在上海几乎无人不晓。原因有二：一是有监狱；二是很热闹。

那时的“提篮桥”，指的是东大名路与海门路、霍山路交会的百余米那段及附近街区；若扩展点就是由公平路、惠民路与东大名路合围的区域；几百米之外才是大名鼎鼎的“提篮桥监狱”。

创立于1938年的特色名店维也纳皮鞋公司60周年庆典

1952年开业的提篮绸布商店

因为地处要津、商品门类齐全，附近工厂居民众多，提篮桥要想不热闹也难。《上海志》专设“提篮桥商业中心”一节：“提篮桥位于区境南部偏东，邻近黄浦江。上海开埠后，租界当局在此围田造屋，填浜筑路，辟建码头。东百老汇路（今东大名路）、茂海路（今海门路）、汇山路（今霍山路）三路交会处，逐渐成为商业繁荣地段，菜馆茶楼、咖啡酒吧、五金器材、西服及生活服务业等相继兴盛。”抗战期间犹太难民在此“开设理发、鞋帽、服装、五金、面包、小吃等商店和酒吧、夜总会、露天屋顶花园等娱乐场所”。此地被称为“小

1978 年 4 月大名饭店开业

1989 年 12 月大名百货公司营业

维也纳”。

从 20 世纪 60 年代至 21 世纪初叶的“黄金 50 年”里，提篮桥成为虹口区内仅次于四川路的商业中心。1958 年大名百货商店、东风服装商店、北京饭店成立。1978 年高 18 层楼的大名饭店开门迎客，1988 年 11 月，位于霍山路、东大名路口高 27 层的远洋宾馆接待中外宾客；不同特色的三味观大酒店、豪门酒家、东虹大酒店、萃华楼、伯特利饭店、北京饭店等簇拥周围。此外还有大店、名店如利群旧货商店、友谊交电家电商店、绵阳湖山音响总汇、万象照相馆、

1990 年初，小女孩在提篮桥商圈的天桥上

老字号变身为一个个门牌号

叶大昌公司、一定好炒货店、大丰制衣公司、为民超市、葆康中药店、为民药店、沪江书店、朝阳花席店、曙光钟表眼镜商店、提篮食品店、阳光美容美发店、雪人纺织品商店、长治小吃店、名士皮革商店、提篮桥花木商店、海港服装商店、翠峰茶叶店等在此独领风骚，200 多家各类小型商店花团锦簇般争奇斗艳。“1993 年，该地区财贸办系统商店有 31 家，营业面积 2.85 万平方米，职工 1966 人，年营业额 2.79 亿元，年利润 703 万元，上缴税金 560 万元。”

每天熙熙攘攘“到提篮桥买东西”的人流中，除了附近居民外还有不少来自杨浦区。乘 22 路电车只需花 4 分钱坐 4 站路就能到“提篮桥”，比到南京路、人民广场及淮海路少了一半路程。这里不仅有百货商店、自行车行、寄卖店、饮食店，品类繁多足以应对生活中各种需求，还很价廉物美。节约的另一半时间还能到大名、东海、东山三家电影院欣赏最新上映影片。著名学者陈子善教授有回忆说：小时候住在虹口区东余杭路，那时属于提篮桥区。在他的记忆中，他从初三开始逛上海旧书店的提篮桥门市部，“旧书店里还有不少好书”。附近的书店邮局花鸟古玩市场，让喜欢读书淘书集邮收藏的都会有收获。

值得一提的是1984年12月落成的提篮桥钢结构人行天桥，全长160米，“桥上设庭园灯。在花鸟商店一角，设S形相连2座扶梯，另4座均为顺人行道侧石边弧形扶梯。其中一出口可直达大名电影院咖啡厅”。2004年11月24日“今晨零时，浓缩了北外滩前后变迁的提篮桥人行天桥，正式结束了它的使命”。北外滩建设随着媒体报道正式进入公众视野。

16年过去，高楼大厦取代了原先鳞次栉比的住宅、商铺，大名百货、大名和东海两家电影院等已不见踪影；只有在霍山路还能瞥得一点往日风貌，邮局还在忠实履行职责，标志性建筑远洋宾馆还在，顶上的旋转餐厅由以前“上海唯一”改为“上海第一”；外墙装饰极富年代感的东山电影院寂寞地耸立，像一个穿着老式西装被标注为“百老汇电影院”的绅士，寂寞而矜持；“北京饭店”几个大字依然高挂却物是人非，这里已是住宿的连锁酒店；很有区域特点的“大名饭店”改成“萌萌哒”的“桔子水晶酒店”……

提篮桥成为上海的金融、航运中心，传统商业的消失就不可避免。每天到提篮桥寻找老地方、老店铺的人很多，霍山公园的老志愿者看见拍照的上海爷叔就会问：老早住哪里？从地铁、公交车“提篮桥站”下车的游客都会问：到北外滩滨江怎么走？肩背电脑包的年轻人自我介绍：到提篮桥上班。

老的提篮桥渐行渐远，新的提篮桥未来可期。

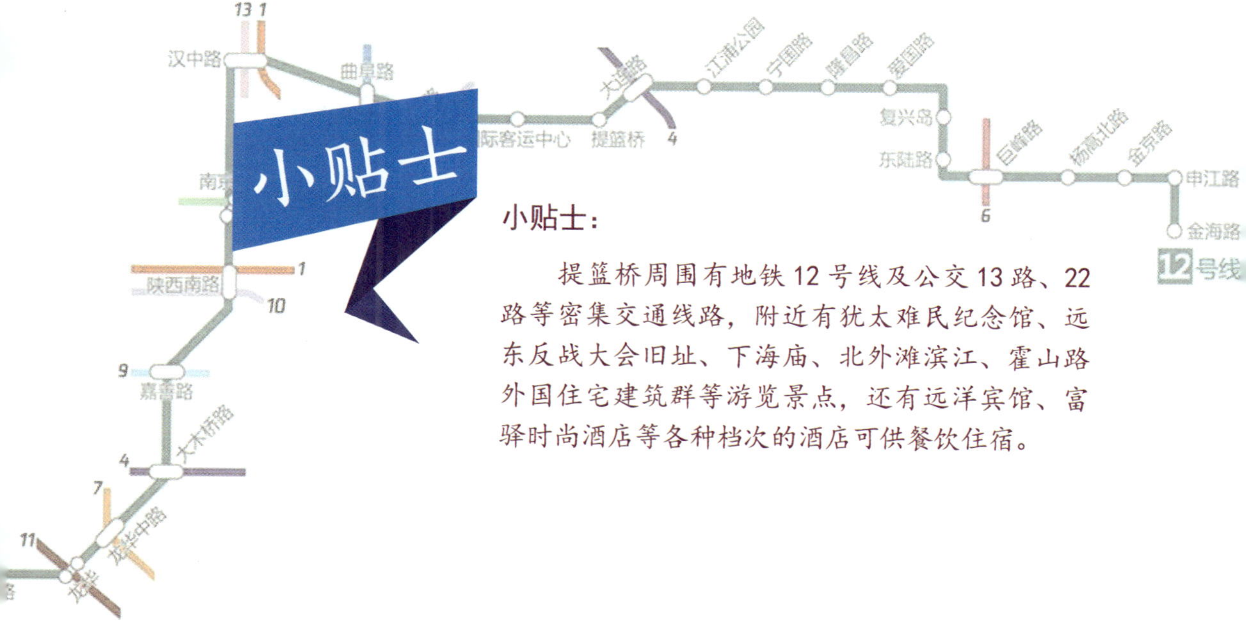

小贴士：

提篮桥周围有地铁12号线及公交13路、22路等密集交通线路，附近有犹太难民纪念馆、远东反战大会旧址、下海庙、北外滩滨江、霍山路外国住宅建筑群等游览景点，还有远洋宾馆、富驿时尚酒店等各种档次的酒店可供餐饮住宿。

那些年，北京饭店的盛况

那年，满师宴在北京饭店

金洪远

闻名遐迩的北京烤鸭外脆里酥，被誉为“天下美味”，可对于兜里只有几个“板板”（沪语：钱）的学徒工来说，吃一顿北京烤鸭是勉为其难的事。尽管我们班里青工无一例外都是北京烤鸭的粉丝，按照当下的说法是“吃货”，可囊中羞涩的我们，不能不在属于“高大上”的烤鸭面前望而却步，属于吃货“气短”。

1958 年开业的北京饭店

那年，家居霍山路的小高说，位于东大名路有家北京饭店的烤鸭很“正宗”，而且价格平民化，是周遭居民招待亲朋好友聚餐的首选，我们何不一聚。当时我们刚满师，在报纸和电视里，有周恩来总理用北京烤鸭招待美国总统尼克松和基辛格博士的消息和实况转播，这当然大大地吊起了我们的胃口。满师宴在北京饭店聚一聚，确实是个不错的主意。

人说先声夺人，北京饭店是用厨房排风散出的烤鸭香味作为见面礼，来迎接我们这几个小青工的。记得小王说了一句：“先香夺人”。其实，真正“先香夺人”的是在绿叶菜、酱和荷叶饼送到餐桌后，须臾，置放烤鸭的小推车前的师傅来了，但见他将刀一横，轻轻一插，手起刀落一撕，一条皮就被撕了下来，一套动作干净利落，一气呵成。按上海话是“做生活清爽没有老坑”。大师傅手持片鸭刀，上下翻飞，就像魔术师手里的扑克牌化作焦糖色的鸭片，齐齐崭崭地码放在盘内，那个香味随着袅袅升腾的热气直冲鼻翼。这哪像是片鸭肉，这简直是在露一手独门秘籍的暖场，在满足食客的味觉之前，先给人以视觉、嗅觉的全感官享受。绝了！

记得车间停工检修，我们在休息室听工友称作“老懂经”的师傅，其吹嘘刀功厉害的师傅，可将烤鸭片成108片，而片烤鸭的108刀，还和水泊梁山的一百单八将有关联。为什么有关联？因为名气很大的烤鸭，是早先从山东传过去的。“老懂经”就是老懂经，七兜八转，将这个108片“撸”得天衣无缝。师傅们含笑点头，我们小青工被他说得更是一愣一愣的。不服不行啊，刚进车间的时候，师傅就悄悄地告诉我们，那个头势清爽的师傅是“老懂经”，他父亲就是这家厂的老板，他嘛，就是货真价实的“小开”。能够将片烤鸭说得出108道道的，不“懂经”也难！

在我当年的印象里，吃烤鸭近似半自助餐，属于各人自扫门前雪。手托一张小荷叶般的面饼，右手持筷夹入蘸甜酱的鸭片及小葱和黄瓜条，继而包裹成形入口，第一感觉是香味浓郁。行前我们听过车间“老懂经”的介绍，北京烤鸭采用挂炉烤制的方法，在于优质枣木的烘烤，因为鸭肉吸收了果木的清香，两“香”结合当然更“香”！包裹在面饼里的鸭皮脆香，而鸭肉肉质细嫩，味道醇厚，加之小葱和黄瓜条的标配，绝对是超级棒。当时是20世纪70年代初期，大家肚皮里空落落，有如此诱人的美味解馋，真个是齿颊留香至今。

记得鸭骨汤端上桌来是满满的一锅，除了鸭骨架，还有蘑菇和大白菜等，端的是料足汤鲜。那时我们年轻胃口好，哪像现在吃菜喝汤是蜻蜓点水浅尝辄止，一锅汤料早被喝了个底朝天，当下人们推崇的光盘行动，我们早已是“申花电器，

现在的北京饭店原址

领先一步”了。现在回想起来也惊诧，当年的我们真有如此好胃口？！

以后有多次机会和北京烤鸭亲密接触。旅行结婚的时候，妻姐和姐夫在京城的全聚德烤鸭店为我们接风；也曾多次和喜好烤鸭这一口的亲友欢聚在沪上燕云楼和凯福饭店，一样的刀功一样的配料一样的焦糖色鸭肉，不知咋的，怎么也品尝不出当年北京饭店的味道。是食材、是味蕾的退化？抑或是人真的老了，有点剪不断理还乱的况味，莫不是记忆中难忘的美食“第一口最舒坦”的缘故（The first bite is the best）？

昨日，骑车去位于霍山路的北京饭店一游，但见酒楼墙面上“北京饭店”四个大字依然，但下方却赫然是“福驿时尚酒店”映入眼帘，不用猜，估计是城头变幻大王旗了。一探寻，果然。那位接盘的酒店老板告诉我，2013 年，他接盘北京饭店至今已有七年了，右侧底楼是“大食堂”，其余全部改造成旅馆。让我一阵怅然，开设于 1958 年的北京饭店，以其红艳油亮、皮脆肉嫩、味道醇厚的烤鸭亮相沪上，也以平民化的价格在周遭居民和吃客中颇有口碑，不知我辈记忆中的味道还会卷土重来否。

东余杭路忆旧

黎鸣

北外滩地区有条始建于1911的小路，其东起大连路，西至溧阳路，蜿蜒狭长足有两公里之多，史称东有恒路，现今称之为东余杭路。这条有着100多年历史的小路，随着时代变迁，两侧的建筑，除溧阳路处保留并改建修缮的春阳里石库门，以及高阳路至安国路一段

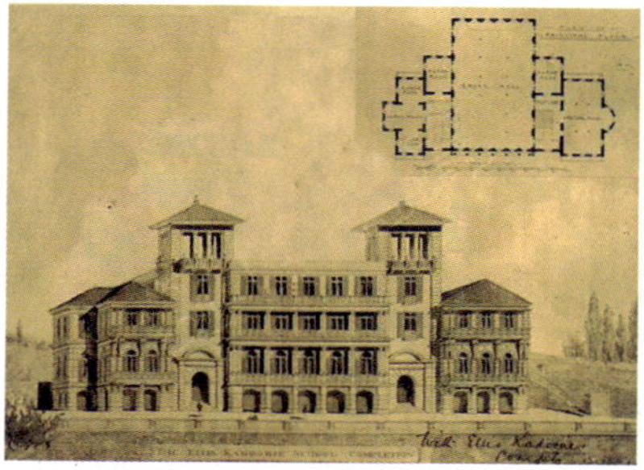

东余杭路高阳路口的原“上海犹太青年学校”建筑图纸

尚存一定数量的老旧建筑外，原本旧有的面貌多已不复存在。

虽说，流逝的岁月，让东余杭路没有了昔日的喧闹与繁华，但曾经的人文荟萃，时常会掀开人们的记忆篇章，这是一条不寻常的小路。曾记否：上海开埠后，沿江区域迅速发展，可谓码头林立，商贾云集，交通便利，航运业盛极。于是，旧称里虹桥（今汉阳路桥）的东侧，也因此形成了多个商贸集镇，“虹口老街”便是其中之一。“虹口老街”南起东汉璧礼路（今东汉阳路），北迄东有恒路（今东余杭路），长百余米；据称：抗战前此处商贾店肆鳞次栉比，“虹口老街”的繁华喧闹仅次于十六铺。

东余杭路的应运而生，得益于该区域享有公共租界的先发效应：填浜筑路，圈地造房，营商造势，以及余杭路桥边上诞生中国第一座发电厂的“上海电光公司”开始发电等城市公共设施的相继完善。特别是早期的百老汇路（今东大名路）、东熙华德（今东长治路）路，以及与之相交道路的陆续建成；中期虹口港等地的一批桥梁的修建；直至19世纪末，提篮桥地区俨然成为当时上海的交通枢纽之一，连通了租界繁华区和杨树浦工业区，使该区域逐步成为虹口中部的一个热闹集镇。生活的便利和城市化的环境，让东余杭路地区极大地吸引社会各阶层人士，除晚清盛宣怀家族添置大量不动产外，还博得社会名流、宗教人士、外国流亡人士乃至革命党人等的青睐，纷纷前来创业和生活。

杨匏安

杨匏安烈士塑像

有人说，东余杭路人杰地灵，是块风水宝地。当今，最让人为之乐道的是宋氏家族曾居住过东余杭路，宋氏老宅至今仍在。据专家考证，宋氏老宅是宋庆龄的出生地。旧时的此处有条小河叫新记浜（在今新建路处），“浜”上有座桥叫作“朱家木桥”，还有一条小马路叫东有恒路，它们交会的一带被称为“朱家宅”。有说宋庆龄之父宋耀如从川沙迁入上海的第一幢住宅就位于“朱家宅”处的东余杭路的530号（时为东有恒路628号C）。

当然，人们至今还记得爱国人士叶澄衷先生钟情教育、慷慨捐资在当今的东余杭路800号处创办了沪上第一所班级授课制新式学堂——澄衷蒙学堂。

东余杭路还曾是共产党人浴血奋战的战场。杨匏安是我党早期的优秀战士。

大革命失败后，他们一家住在东有恒路2048号，在十分艰难和危险的环境中，杨匏安组织编辑党的刊物，是中共的秘密印刷厂；开办政治训练班，为党培养和训练干部。1931年7月，杨匏安在此被捕。1931年8月英勇牺牲，时年35岁。回顾东有恒路，当年中共在印刷厂的工作人员中多有我党的前辈战士，如毛泽东的侄子毛远耀，任弼时的妹妹任培星和妹夫林一心，何叔衡的女婿杜延庆等，后因有人在东有恒路印刷厂被捕，印刷厂才被迫转移。

此外，据史料记载，东余杭路沿途多名人故居。清末民初的大书画家曾农髯先生赋闲后，在沪闭门读书画画，1930年在东有恒路寓所去世；蜀中杰出诗人王乃徵从1911年起，隐居东有恒路时间长达20年；再有就是民国四大词人之一的夏承焘也在东余杭路有寓所；当代词宗朱古微和旧时影星胡蝶也曾在东余杭路德裕里暂居过。二战期间，犹太人避难上海，犹太富商嘉道理为解决欧洲难民子女入学需要，在东有恒路627号建立上海犹太青年学校，俗称嘉道理学校等。

东余杭路历经百年沧桑，留下众多的人文荟萃，也谱写过史诗般的英雄乐章。如今，处于北外滩新一轮发展中的东余杭路，也将以其崭新的精神风貌，成为“城市最美会客厅”中的一员。

舟山路：曾经的维也纳小街

于强

舟山路东段邻近霍山路处，有数幢别具一格的红砖建筑，呈 A 字形的尖顶配拱门拱窗，是当年俄罗斯犹太人建造的；中段从昆明路至唐山路，有数排特色店铺，二层阳台凸出街面、红瓦屋顶上有“老虎窗”装饰；西段东余杭路到周家嘴路，则是 1924 年、1935 年建造的独立花园住宅，有着恢宏气势和海派韵味的石库门建筑。一幢幢一排排的建筑，沉积着历史尘埃和风韵，宽阔的马路闪烁过舟山路的光耀。

二战期间，成千上万的犹太难民颠沛流离来到提篮桥地域避难。随着一批又一批犹太难民的来到，他们居住在舟山路、霍山路一带的石库门里，带来了他们的生活风俗和异国风情，这里呈现出异常的热闹和繁华。尤其是舟山路上，各种店铺鳞次栉比，有的店铺还在报纸上大登广告，以招徕顾客。无论白天或夜晚，人群熙来攘往，从咖啡厅里飘逸出的浓郁芳香很是诱人；音乐厅和酒吧里响着悦耳动听的音乐；书店、画廊五彩缤纷；这里不仅吸引着犹太人，也使许多中国人流连忘返。舟山路，由此有“维也纳小街”之称。

舟山路 59-61号

舟山路的沿街两旁有店铺，也有摆地摊的。有的犹太难民捉襟见肘，为了渡过难关，将随身带来的诸如首饰、手表、工艺品等在地摊上出售。据犹太人乔治·赖尼希撰写的《在上海避难地》回忆，他的母亲曾在维也纳学过艺术和手工艺，来到上海陷入困境，父亲

布卢门撒尔旧居

舟山路上具有欧洲古典风格的毗连式建筑，犹太难民曾在此居住

将带来的一个水晶花瓶卖掉，买来了麂皮，由母亲制作成为精美的“鲜花”，父亲拿到地摊上去卖，以养家糊口。

舟山路上的热闹和繁华，也给许多犹太难民创造了谋生和就业的机会。培训就业组织ORT向犹太难民提供各种手工艺技能培训，如木工、电工、理发、裁缝、修车、烹饪等。许多难民经过一段时间的培训，走上了自谋职业之路，他们开起了小型店铺，如餐饮、酒吧、面包房、杂货铺、修理铺等。

一些犹太人写文章回忆，当时的舟山路8号是无线电修理店，30号为杂货店铺，32号为玩具店，34号为修理钟表店，43号和46号为帽子店，44号为文具店，48号为箱包店，56号为皮鞋店……可谓是琳琅满目，一应俱全。新的店铺不断开张，又增添了舟山路的商业氛围和人气。

舟山路的繁华也带动了附近的爱尔考克路（安国路）、塘山路（唐山路）、东有恒路（东余杭路）的闹市，爱尔考克路还举办轻歌话剧表演，吸引了众多人去观看。

舟山路东段是罗马文艺复兴时期的建筑风格，成为一道亮丽的风景。曾经担任过美国福特政府前财政部长的布鲁门撒尔，小时候就居住在这排建筑的舟山路 59 号。他小时候曾经在舟山路上贩卖过面包，后来自己开过面包房，经历过人生的磨难，成为美国的精英。中国改革开放后，他多次带家人来旧居参观，回忆过去一段难忘的历史，情意浓浓。

曾被称为维也纳小街的舟山路，留下了过去的建筑风貌和风韵，留下了几代犹太人的记忆。每到上海的旅游季节，舟山路、霍山路一带会出现一批又一批犹太人的身影，他们是慕名而来的，更为感恩当年上海接纳犹太人避难而至。他们拿着照相机忙不迭地拍摄舟山路上各种不同风格的建筑和人文，浮想联翩当年舟山路上的店铺和人群，音乐的节奏，咖啡的醇香，思绪绵绵，感慨万千……

舟山路，在犹太人心中留下了难忘的记忆，在历史上也留下了熠熠生辉的一页。

公平路码头的前世今生

周进琪

公平路渡口的黄浦江上来往的轮渡船

公平路轮渡站旧影

上海开埠对外通商后，最早建立的一批船码头就在北外滩一带。1845 年，英商东印度公司在徐家滩（今东大名路、高阳路）一带，就开始建造了简陋的驳船码头。1860 年，英商宝顺洋行建造的宝顺码头，是上海第一个可停泊轮船码头。当年东大名路南侧至黄浦江沿岸，船舶穿梭，码头林立，民国年间就已形成了黄浦码头、公平路码头、高阳路码头等九座码头。可以说整个北外滩，就是一部上海航运发展史的缩影。

其中岸线长约 245 米，东临公平路，西至小港码头，背靠东大名路的公平路码头，曾经享有举足轻重的地位。公平路码头的前身是招商局北栈，后称为招一码头。1874 年由招商局收购下海浦耶松新船坞码头改建而成，后又被清政

旧时的公平路渡口

府海关指定为关栈（保税仓库）。抗战期间，曾被日军侵占多年，1949 年新中国成立后，划归上海港务局第三装卸区并改名为公平路码头。值得一提的是，码头一旁的公平路 185 弄的同春里 86 号，当年还住过人民音乐家聂耳，这位国歌的曲作者，把到上海最早的足迹留在了这里。

1960 年，公平路码头的西部改建为客运码头，停靠上海至青岛、大连、温州等线客货班轮，使这座兼具船运和轮渡功能的码头，成了那个年代的一个重

现在的公平路渡口

要通行口岸，上海人人皆知的码头。在当地老居民的印象里，一艘艘海轮在一阵阵汽笛长鸣后靠岸，提着大包小包的人流，如潮水般涌出。而相隔不长时间，出港的船又拉响了汽笛，尖啸的声音隔着几条马路都能听见，拉货送货的卡车进进出出，上船下船的旅客熙熙攘攘。“迭个辰光，格座码头上天天人来人往，真是闹猛的勿得了。”

也就在这一年，公平路码头迎来了一位复员军人，他叫杨怀远，从一位风华正茂的青年，在这座码头上，挑断了 47 根小扁担后退休。在风风雨雨的几十年间，他用一颗炽热的心，除在海轮上热情周到做好服务工作外，还为上下船的旅客挑送行李、扶老搀幼，为群众排忧解难，被誉为“老人的拐杖、孩子的保姆、病人的护士”。他靠着“为人民服务从小事做起”的信念，数十年如一日，被评为全国劳动模范，受到了党和国家四代领导人的接见。公平路码头，成了铸就他平凡而又辉煌人生的见证。

随着改革开放的进程，时代突飞猛进的发展，上海有了四通八达的地铁、隧道，一座座宏伟的大桥飞架浦江两岸；飞速的火车和日益增多的航线，也缩短了上海与祖国各地的距离。一时间码头失去了往日的功能，没了喧闹与拥挤的人流，变得安静了。

2008 年，失去曾有交通枢纽身份的公平路码头，华丽转身为沪上首个园林式的景观轮渡口。新的公平路渡口设计新颖，门前浅灰淡雅的地砖，与镶嵌其他颜色铺成的广场，犹如一座开放的庭院，几何图形的小楼，更是充满着现代感。屋顶的观光平台，沿墙垂落着葱茏的灌木、碧绿的草坪和盛开的鲜花，连接着北外滩秀美的景观长廊，让人仿佛置身于风光旖旎的景区。转眼间，这里成了观赏浦江美景的一个新地标。

如今走进的公平路渡口，环境干净整洁，设施一应齐全，上下船如履平地。

乘上10分钟即达对岸，浦东泰同栈渡口舒适的渡船，一路在波涛起伏江水的伴随下，还能欣赏高耸入云的东方明珠电视塔，鳞次栉比雄伟的高楼，犹如彩虹般连接黄浦江的南浦、杨浦大桥在两岸绿荫中。

回望北外滩滨江绿地，在汇聚“一方大厦”“白玉兰广场”“外滩W酒店”“国际客运中心”等地标建筑群下，公平路渡口仍展现着独具的魅力。在日新月异发展的上海，人们可能已淡忘了这座码头过去的容颜，但奔腾不息的上海母亲河黄浦江，不会忘记你百年的沧桑变化，并将永远留存记忆里。

北外滩规划效果图

附录

未来的浦西新地标会有多高？“最美城市会客厅”将会是什么样子？2020年5月13日下午，时任上海市虹口区区委书记吴信宝向40多家中外媒体介绍了北外滩区域规划和发展远景。

吴信宝介绍，北外滩位于苏州河与黄浦江交汇处，总面积约 4 平方公里，拥有 3.4 公里滨水岸线，与陆家嘴、外滩构成上海的“黄金三角”，也是“黄金三角”中唯一具有成片规划和大规模深度开发可能的区域。

目前，北外滩已集聚金融企业 1500 余家，资产管理规模超过 5 万亿元，其中公募基金总数达 16 家，超过全国公募基金总数的九分之一；已集聚中远海运、上港集团、中国船东协会、歌诗达邮轮等航运企业 4700 余家；已率先布局新一代信息基础设施，5G 基站覆盖密度全市第一。

虹口区科学技术委主任万建辉向媒体介绍，虹口区的 5G 全球创新港作为全球首个综合性 5G 应用展示联创平台，已率先发布“5G+ 医疗”“5G+ 教育”“5G+ 金融”“5G+ 零售”等十大场景的应用场景和互动设计。他透露，5G 全球创新港将迎来“华为 - 上海 5G+ XR 创新中心”，利用 5G 高速网络，联手促进 VR 行

5G 全球创新港

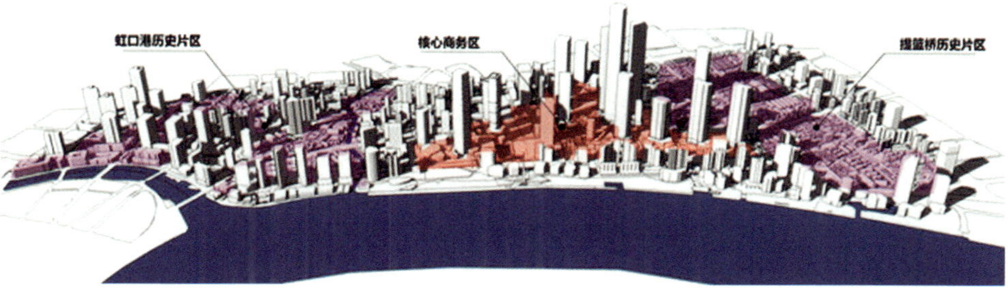

北外滩规划功能结构图

业向多领域、多行业推广。

根据日前完成公示的《虹口区北外滩街道控制性详细规划修编》，北外滩将诞生高度达480米的新地标，成为浦西制高点。围绕“新地标”和320米的白玉兰广场，还将打造两组标志性建筑群，高度分别在300～380米、180～250米两个层次。在这座总规模约840万平方米的未来“最美城市会客厅”中，一批一流的教育、医疗、文化、商业、商务设施将陆续亮相。其中包括拥有2000座剧场的上实百老汇中心、“设计引领未来”的国际设计大学、两百余栋高端商务楼宇和近百家企业总部。

“此轮北外滩建设将力争‘三年出形象、五年出功能、十年基本建成’，奋力创造城市发展新奇迹。”吴信宝说。

来源：中国青年报客户端 上海5月13日电（中青报·中青网见习记者 魏其濛）

分布在北外滩街道的市民驿站

第一市民驿站

第一市民驿站

地点：长治路 147 号，面积约 1500 平方米。

设置：市民驿站服务站、网格管理站、久耕家庭医生诊所和物业管理服务中心。

内容：综合为老服务中心职能，突出适老功能。在配置养老服务的基础上设有老年助餐服务、老人日间照料、文化休闲活动和健身娱乐设施；与社区卫生服务中心共同建设“国医驿站”，制定国医社区项目，开展国医课堂、国医体验，设立社区“微菜场”；利用项目化运作，增加服务内容。

范围：覆盖大二、西安、久耕、塘汉、前进、汉阳 6 个居民区。

百官街市民驿站

百官市民驿站

地点：百官街 18 号、28 号，面积约 800 平方米。

设置：市民驿站服务站、网格管理站、长者照护之家、社区就业服务工作站、北外滩街道唐山路家庭医生诊所、白玉兰党建服务站。

内容：突出社区食堂和团队孵化功能，站中设有社区食堂、海派客厅、亲子活动区及团队演出厅等；推出“融服务”体验，即需求共融、资源通融、文化互融，打造一体化的服务模式；试点“周末不打烊”项目，“蒲公英”志愿者，担任驿站“周末轮值站长”，和街道商会共同推出“周末驿客空间”。

范围：覆盖长治、德裕、鸿兴、兆庆、北外滩、昆山、海宁、南天潼 8 个居民区。

第三市民驿站

第三市民驿站

地点：东余杭路 1332 号，面积约 1001 平方米。

设置：市民驿站服务站、网格管理站、阳光之家、社区就业服务工作站、三益邨家庭医生诊所、街道图书馆、街道社区卫生服务中心（家庭医生诊所）。

内容：开设英语、形体舞蹈、健康养身、电脑应用、摄影等 20 余门课程，以老年学习社团为主体，推进老年人自主学习和互动学习；以老年教育为基础，“蒲公英”志愿者进一步吸纳组建出一支有向心力、凝聚力的稳定队伍，逐步优化“蒲公英”志愿者功能建设。

范围：覆盖景星、禄寿、三联、恒泰、业广、逢源、唐山、蕃兴、源福 9 个居民区。

第四市民驿站

第四市民驿站

地点：霍山路139弄6号，面积为512平方米。

设置：市民驿站服务站、网格管理站、白领服务站（瑞丰大厦）、舟山路家庭医生诊所。

内容：社区技能学校定期为居民和企事业人员开展技能培训，解决社区工匠后继乏人现象，定时定点邀请社区工匠到学校进行一对一式授课教学，传授技艺，传承文化，为社区培育新型的技能型人才。

用好片区犹太文化特色资源，以周边社区居民为服务对象，为各类人群提供丰富多彩的特色服务，提升居民的家园意识，提升社区公共服务的能力和水平。

范围：覆盖西村、晋阳、提篮桥、舟山、春江、东大名、明华坊、惠民8个居民区。

上海外滩浦华大酒店

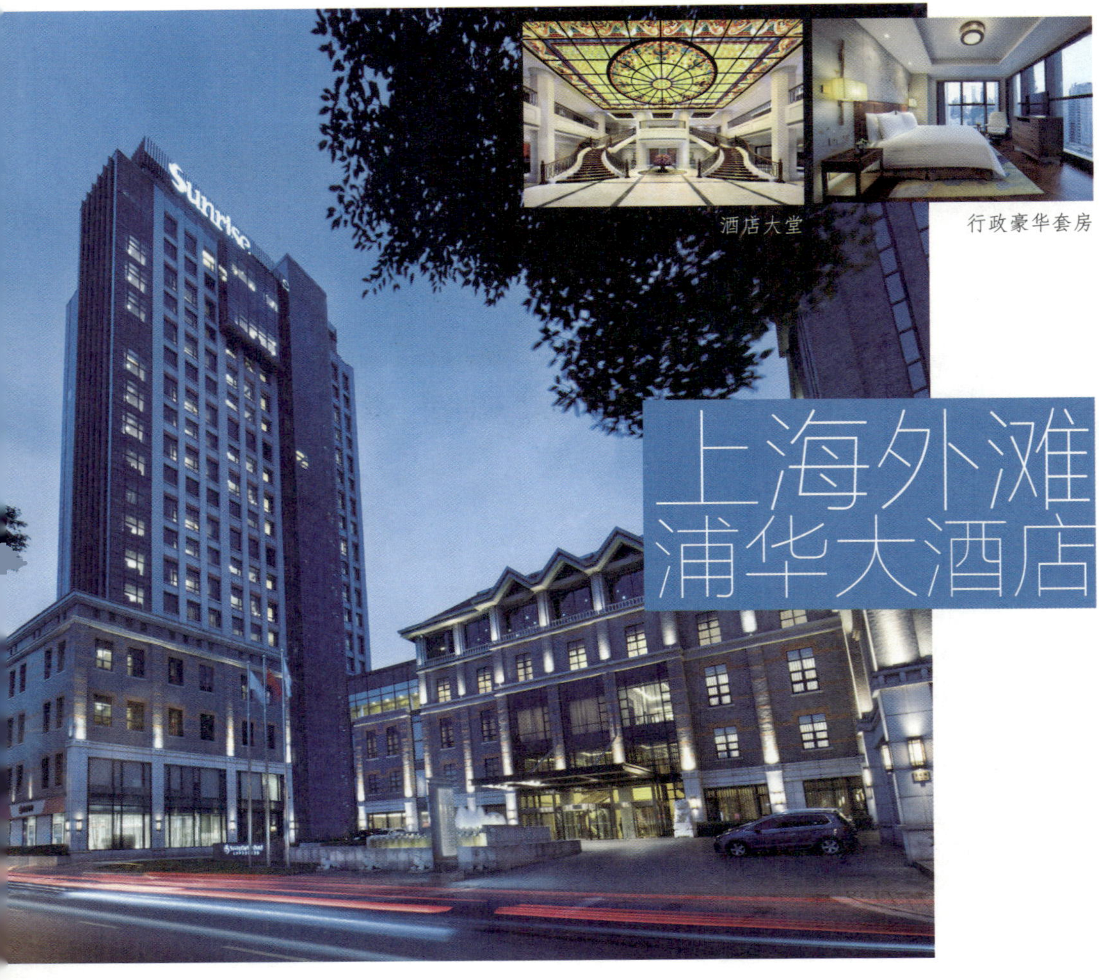

酒店大堂

行政豪华套房

大堂吧

赞铁板烧

室内游泳池

上海外滩浦华大酒店位于北外滩的中心，距离北外滩滨江绿地仅几步之遥。3 条隧道——大连路隧道、外滩隧道和新建路隧道直达。从酒店步行 5 分钟即可至地铁 12 号线国际客运中心站及上海白玉兰广场，让旅客享受出行的便利。该酒店是兼具老上海及欧式风情的豪华五星设施酒店，拥有 143 间豪华客房和 13 套套房；有风格迥异的 4 个高端餐厅——水晶坊咖啡厅、台南担仔面海鲜楼中餐厅、松涛日本料理和赞铁板烧；以及别具特色的大堂吧。酒店内最大的宴会厅——浦华厅，面积 420 平方米；另有 10 个多功能厅（面积 35 ～ 200 平方米不等），最多可容纳 750 人同时会议就餐。除此之外，酒店的涟水疗配备长 20 米宽 8 米的恒温游泳池、能量水晶蒸汽房、三温暖冷热水疗池；另有 9 间独立的 SPA 按摩房提供各项理疗服务。

电话：86 21 5558 9999　地址：上海市高阳路 168 号
网址：www.sunrisesha.com

白玉兰购物中心店

蘭心餐厅

富丽堂皇的餐厅

沪上餐饮界的知名品牌——蘭心餐厅始创于 1987 年，经过 30 多年追求味蕾的升华和完美的服务，2017 年，蘭心成为上海米其林推荐餐厅。

“蘭心”致力于将本帮菜打造成沪上的第一张餐饮名片，在几代本帮菜从业者的努力下，兼容并蓄沪上本帮菜的各家之长：其中油爆河虾、红烧肉、响油鳝糊、扣三丝、草头圈子等系列沪上名菜，在当下的餐饮格局独树一帜。

蘭心经典菜品干烧鲳鱼和草头圈子

蘭心经典菜品油爆虾和熟醉蟹

蘭心经典菜品清炒生拆蟹粉与响油鳝丝

蘭心经典菜品酱鸭与红烧肉

“蘭心”不但保持上海菜的经典菜式，尽显海派文化的精致与大气，也创新出系列符合年轻一代人的口味，吸引更多年轻人喜欢本帮菜的同时，将本帮菜推向一个全新的高度，让更多的人通过品尝上海菜，成为感受、了解、热爱海派文化的一个切入点。

“蘭心”在浦东、长宁、虹口等沪上 CBD 商圈都设有连锁店。

地址：东长治路 588 号上海白玉兰购物中心 3 楼 L3-10 商铺 -A
电话：021-558981

熬制糯米粥的卞阿姨

提篮桥的 阿姨奶茶

提篮桥的“阿姨奶茶”红遍上海滩，这是血糯米奶茶的鼻祖，绝对能与当下的网红饮料店相媲美，一个小小店铺却有一大批“奶粉”。

店主卞阿姨卖奶茶也是机缘巧合，20 世纪 90 年代，她接过妈妈的手艺，在家门口摆了个小摊卖起血糯米，夏天还会做些水果羹、绿豆汤，深受附近消

印制卞阿姨人像的奶茶盛具

夏居民的喜爱。后来奶茶流行起来了，能干的卞阿姨将血糯米和奶茶融合得很好，创出了“阿姨奶茶”的品牌。

“阿姨奶茶”的用料和制作有自己的独到之处：每天晚上浸泡好血糯米，早上起个大早开始熬煮，煮沸的糯米不停地翻滚，出锅的血糯米熟得恰到好处有嚼劲，但是嚼开几粒糯米后，清新的米香渐渐弥散开来，令你齿颊留香；且甜度非常低，感觉是一杯养生粥；店里的糯米小汤圆也是一绝，都是卞阿姨自己做的，滑爽软糯之中又有弹性，引得众多食客近悦远来，并留下高频的回访率。

地址：霍山路 41 号
营业时间：周一至周日 09:30-20:30

专业教师、家长和宝宝们

义工团队和第一波初始学员合影

宝宝的合唱课

社区里的“宝宝约课”

“宝宝约课”是从公益出发，致力于为孩子打造一个互动学习，彼此激发的成长平台；为家长创造一个志同道合，邻里互助的连接桥梁，是非赢利的社团组织。

“宝宝约课”是在自己的小区里，利用孩子的课余时间，让他们聚在一起，弥补双职工家长因工作而无法陪伴孩子的缺憾；同时，根据孩子的年龄层次特点，邀请具有专业特长的志愿者家长来引导孩子学习活动。

“宝宝约课”愿景：打开学龄前儿童视野，打破社区隔阂，找回弄堂文化，

宝宝们约的运动课

手工制作培训课

户外亲子活动

爷爷奶奶、家长和孩子们的联欢活动

为孩子创造共同学习与成长的环境，推进社区邻里互助，共创和谐的社区环境。

“约课”人群：社区内外学龄前儿童。

“约课”方式：定期组织线上和线下“混龄”课程，基本设置有国学、语文、数学、英语、美术、音乐、礼仪、烘培、运动等；策划组织寒暑假以及节假日活动；邻里互助托管。

“约课”师资：有专业背景 / 特长的家长及专业老师。

“约课”管理：创始团队和家长志愿者。

地点：东大名路 888 号新外滩花苑内　电话：13641958451
联系人：林茏妈妈 @ 家庭教育共享事业

绚丽北外滩

浦江两岸夜景

北外滩的晨曦

北外滩彩虹桥

北外滩音乐门

从北外滩看过去的浦东

从浦东拍摄过来的星港国际双子塔大厦

跋 北外滩的乡愁与梦想

苏秉公

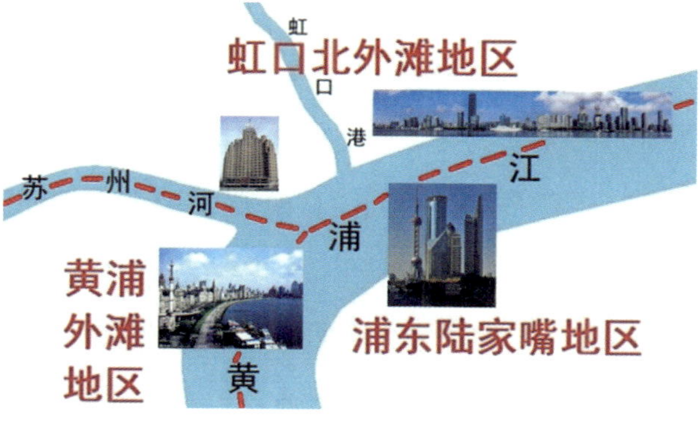

上海有两个游客必至的景点——外滩和陆家嘴。外滩沿江几十幢各具特色的历史建筑是上海一道独特的风景线，100多年来，这片街区金融业、商业的繁荣以及它深厚的历史人文资源是其真正的魅力所在；而陆家嘴则是1990年根据中央关于浦东开发开

放战略部署确定建设的面向国际的现代化金融贸易区，30 年来拔地而起的超高楼群成为上海改革开放成果标志性的象征。这两个区域在黄浦江两侧相呼应，成为上海不同发展时代的里程碑。这些年，苏州河、黄浦江及虹口港交织的虹口提篮桥地区正在成为上海市中心又一个令人瞩目的黄金发展区域，具有十分强劲的发展潜力。它与外滩、陆家嘴地区隔水相望，将在上海中心城区形成各具特色的三角发展态势。只是这里被取名为北“外滩”，还被贴上第二个“陆家嘴”的标签，在自身文化特质上彰显不足，让人感觉多了点依附感，少了些文化自信。希望《提篮下海——说说上海北外滩》这本书的出版，可以弥补一下这方面的不足。

虹口是一个历史文化底蕴非常丰厚的地区，其文化特性与黄浦、徐汇等有所不同，它和闸北、杨浦、宝山一起记录了上海沪北、沪东艰难的发展历程以及改革开放以来的巨大变化。现在的北外滩曾经是公共租界北区和东区的一部分，由于优越的地理条件，这里从 19 世纪中叶开始便是上海最早的轮船码头集中地带，是上海航运业的发源地。如今，随着产业的调整，这里的万吨巨轮、码头、吊车、仓库、来往的货运车辆都已消失了，新建的楼宇里集聚了大批金融、航运服务企业。北外滩变了，变得安静了，变得干净了，变得更加美丽了……然而，变化是有代价的，在北外滩建设过程中大批历史建筑、里弄街区被拆除，人们在改善了居住条件，提高了生活质量的同时，还会深深地怀念自己在这里曾经度过的岁月，怀念那些经常穿越的弄堂、非常熟悉的街道以及留在心底那些童年的欢乐、青春的烦恼、人生的挫折和成功的喜悦……这是一种抹不去的文化和生活方式的记忆，也是人们加快这一地区建设的动力，老居民们积极参与本书的编写创作正是这种心情的体现。习近平总书记 2019 年 11 月在杨浦滨江考察时说：“文化是城市的灵魂。城市历史文化遗存是前人智慧的积淀，是城市内涵、品质、特色的重要标志。要妥善处理好保护和发展的关系，注重延续城市历史文脉，像对待‘老人’一样尊重和善待城市中的老建筑，保留城市历史文化记忆，让人们记得住历史、记得住乡愁，坚定文化自信，增强家国情怀。”这段话讲到了我们大家的心里，他指出了城市更新注重文化传承的重要性，也给北外滩的规划发展指出了方向。

为了记住历史、留住乡愁，之前我们编写出版了《摩都水乡——徜徉上海音乐谷》《故境纵横——探秘人文老虹口》《海派虹韵——踏访四川北路底》等三部图书，在虹口区不同的区片内挖掘历史文化资源，收集有关回忆文章和绘画作品，留住民间的历史记忆，获得了良好的社会效应。希望这本新书的出版发行，也会被广大读者，特别是提篮桥北外滩的新老居民所接受，所喜爱。北外滩的历史足迹是整个上海历史文化发展的组成部分，更是虹口区历史文化资源的精髓所在。我们还会在虹口按照不同的区片（见附图）继续开展历史文化资源的挖掘，完成另外三本图书的编写，为虹口建成特色鲜明的历史文化街区，为北外滩的开发建设增添更加厚实的文化底气做出我们的一点努力。

2020年初，虹口区向社会公示了《上海北外滩地区控制性详细规划草案》，引起极大的反响。草案提出了“一心两片，新旧融合”的规划设想，即“中部核心商务区高强度、高密度开发，两侧提篮桥、虹口港历史片区低密度空间格局，全城构建新旧融合，以人为本的公共空间网络”。这里提到的提篮桥、虹口港两个街区是虹口南部城市历史生态精髓的组成部分，确实像是两位“历史老人”，需要我们和后人加以尊重和善待。笔者曾经应邀参加过几届高规格的“北外滩财富与文化”论坛。虹口区能在这样的论坛上将文化与财富，更与金融和科技发展紧密连在一起，并且至今坚持办了9年，为北外滩的开发建设进行了足够的文化铺垫，实属不易，令人佩服。这完全符合十九届五中全会关于推进社会主义文化强国建设，提高国家文化软实力的要求。我们期待着一个能够记得住历史，留得住乡愁，充满生机和活力并且真正拥有与外滩、陆家嘴三足鼎立相匹配实力的北外滩早日展现在黄浦江畔。

虹口历史文化区片划分图
图中红色标示的为已完成编写出版的书名及大致取材的区片范围；黑色虚线表示的是下一步拟挖掘素材继续编写的计划范围。
江湾地区的历史变迁
新村建设
（新中国成立以来，市民居住环境改变，特别是曲阳新村建设）
海派虹韵
——踏访四川北路底
虹镇老街
（上海典型穷街的变迁）
摩都水乡
——徜徉上海音乐谷
提篮下海
——说说上海北外滩
故境纵横
——探秘人文老虹口
虹
口
区
江湾镇
凉城新村
广灵新村
友谊新村
广中新村
商业一村
运光新村
大连新村
财经新村
邮电新村
建设新村
鲁迅公园
和平公园
提篮桥

编后记

讲好提篮桥故事，展望北外滩前景，是出版本书的立意。在虹口区档案局的鼎力支持下，在北外滩街道的热忱参与下，本书付梓。

“讲故事、望前景”，吸引了本书作者的踊跃投入，他们以自己的“那些年、这些事”，呈现给读者一个个真实生动富有区片神采的记录场景。年逾八旬的老人叶令如今虽然居住在外区，但在北外滩半个世纪的生活经历，令他兴致勃勃地写出记忆中虹口惠民路120弄那些年的时光；上海犹太难民纪念馆馆长陈俭，在非常繁忙的工作中挤出时间，记录犹太难民和他们后人与虹口不解的情缘；纪珺、万彦、张渊、王世逸等，都是生活工作在北外滩的80后，他们用年轻人善于发现的目光、把握时代脉搏的思维，写出了他们身临其境的北外滩的精气神。热爱绘画艺术的退休干部何青先生，专程到北外滩实地探勘，为本书精心绘制出体现北外滩建筑特色的线条图案；热衷摄影的张益生老先生是社区居民，用镜头追随从提篮桥到北外滩的发展过程。虹口区退休干部杨松涛先生，不厌其烦为本书征稿“穿针引线”，落实涉及的相关单位……在此，向每位参与本书出版的作者致以衷心的感谢！

本书出版受到虹口区宣传文化事业专项资金资助。本书面世之际，特别鸣谢中共虹口区委、区政协、区委宣传部的鼎力支持，鸣谢上海华夏文化创意研究中心工作人员的倾情付出。

《提篮下海——说说上海北外滩》是“虹口记忆”项目的系列书籍之四，此前已经出版《摩都水乡——徜徉上海音乐谷》《故境纵横——探秘人文老虹口》《海派虹韵——踏访四川北路底》，与前三本的立意和风格相似，本书史实性与观赏性并存，便携性与引导性兼容，希冀读到本书的作者，能在富有典藏的以往的提篮桥，如今的北外滩，饱览这区片中令人兴奋不已、遐思飞扬的无限风光。

编者

2020 年 3 月

图书在版编目（CIP）数据

提篮下海：说说上海北外滩 / 苏秉公主编. -- 上海：文汇出版社, 2021.4

ISBN 978-7-5496-3480-4

Ⅰ. ①提… Ⅱ. ①苏… Ⅲ. ①文化史－虹口区 Ⅳ. ① K295.13

中国版本图书馆CIP数据核字(2021)第045945号

提篮下海

——说说上海北外滩

（本书获虹口区宣传文化事业专项资金资助）

主　　编 / 苏秉公
副 主 编 / 张林凤
责任编辑 / 乐渭琦
封面绘图 / 何　青
书名题字 / 汤名海
插　　图 / 王文明　王贵良　刘　沧　吴介平
装帧设计 / 吴嘉祺

出 版 人 / 周伯军

出版发行 / 文匯出版社
上海市威海路755号
（邮政编码200041）
经　　销 / 全国新华书店
印刷装订 / 上海锦佳印刷有限公司
版　　次 / 2021年4月第1版
印　　次 / 2021年4月第1次印刷
开　　本 / 787×1092　1/24
字　　数 / 140千
印　　张 / 17

书　　号 / ISBN 978-7-5496-3480-4
定　　价 / 78.00元